Architektur im AufBruch

Neun Positionen zum Dekonstruktivismus

D1718296

Jean Nouvel

Lebbeus Woods

Bernard Tschumi

Michael Sorkin

Zaha Hadid

Peter Eisenman

Wolf D. Prix
(Coop Himmelblau)

Helmut Swiczinsky

Daniel Libeskind

Thom Mayne (Morphosis)

Architektur im AufBruch

Neun Positionen zum Dekonstruktivismus

Herausgegeben von Peter Noever
für das Österreichische Museum für angewandte Kunst, Wien
Redaktion Regina Haslinger

Mit einer Einführung von Alois Martin Müller
und Beiträgen von

Coop Himmelblau

Peter Eisenman

Zaha Hadid

Daniel Libeskind

Morphosis

Jean Nouvel

Michael Sorkin

Bernard Tschumi und

Lebbeus Woods

sowie einem Epilog von Philip Johnson

Prestel

© Prestel Verlag, München 1991

Photonachweis siehe Seite 174

Übersetzungen aus dem Englischen:
Magda Moses, Bram Opstelten (Zaha Hadid, Daniel Libeskind,
Michael Sorkin, Bernard Tschumi, Lebbeus Woods, Philip Johnson) und
Christiane Court (Peter Eisenman, Morphosis)
aus dem Französischen:
Gudrun Reisecker (Jean Nouvel)

Auf dem Umschlag:
Coop Himmelblau, ›Folly 6‹, 27 Meter hoher Aussichtsturm für die Expo '90,
Osaka, Japan, 1989 – 1990

CIP-Titelaufnahme der Deutschen Bibliothek:

Architektur im Aufbruch : neun Positionen zum
Dekonstruktivismus / hrsg. von Peter Noever für das Österr.
Museum für Angewandte Kunst, Wien. Mit einer Einf. von
Alois Martin Müller und Beitr. von Coop Himmelblau ... sowie
einem Nachw. von Philip Johnson. - München : Prestel, 1991
    ISBN 3-7913-1116-6
NE: Noever, Peter [Hrsg.]; Himmelblau, Coop

Reproduktionen: Karl Dörfel-Repro GmbH, München
Satz, Druck und Bindung: Bosch-Druck, Landshut/Ergolding

Printed in the Federal Republic of Germany

ISBN 3-7913-1116-6

Inhalt

Peter Noever

ARCHITEKTUR IM AUFBRUCH –
ARCHITEKTUR HEUTE

Vielleicht ist es der Aufstand der Gefühle, welcher abseits einer linearen Architekturentwicklung und unbeirrt von zerbrochenen Utopien zum Ende dieses Jahrhunderts Ansätze für eine neue, visionäre Architektursprache hervorbringen läßt. Eine Strategie zeichnet sich ab. Zwischen den Reibungspunkten der Moderne, Postmoderne, Post-Postmoderne, Post-Avantgarde und des Poststrukturalismus ist etwas im Entstehen begriffen, das die vorauseilende ›Geschichtsschreibung‹ als De-Konstruktivismus, als neue Architekturmode, quasi als Weiterführung der konstruktivistischen Bewegung der zwanziger Jahre darzustellen und zu vereinnahmen versucht: wissend, aber ignorierend, daß bereits das konstruktivistische Gerüst einer neuen Sehweise, einer geänderten Weltanschauung sich letztlich auf eine dekonstruktivistische Vorstellung bezog. Eine Vorstellung, eine Idee zur Kunst und Architektur, die trennt, zertrennt, bricht, fragmentiert, die aber gleichzeitig die daraus gewonnenen ›Teilstücke‹ zu einem ganzheitlichen Prinzip (etwa der Photo- und Filmmontage, aber auch der ›Architektur-Montage‹), zu den Charakteristika der Moderne des 20. Jahrhunderts werden ließ.

So gesehen schien es nicht nur reizvoll, sondern auch eine unerläßliche Aufgabe, sich der Herausforderung des Augenblicks zu stellen und im Rahmen einer Vortragsreihe jene Architekten zusammenzuführen, die durch ihre Arbeit die Architekturdiskussion heute entscheidend mitbestimmen. Morphosis, Daniel Libeskind, Zaha Hadid, Jean Nouvel, Peter Eisenman, Lebbeus Woods, Michael Sorkin, Bernard Tschumi, Coop Himmelblau – was verbindet sie tatsächlich, was ist das Gemeinsame in ihrer Arbeit? Beschränkt sich etwa ihre ›Zusammengehörigkeit‹ auf die Demontage aller bisherigen architektonischen Fundamente, auf die Abkehr von allen Traditionen und von der Vollkommenheit – ohne allerdings, wie die Moderne, neue Utopien zu entwickeln?

Ist der Verlust der Theorie als Grundlage einer entwicklungsfähigen Architektur damit prolongiert? Folgt also weiterhin die Theorie der Praxis? Architektur als Architektur verstanden, läßt niemals eine ein-

Architektur damals – Architektur heute? Nach wie vor gibt es keine überzeugende Erklärung für die Botschaft des Steinbauwerkes in Gizeh: Es bleibt rätselhaft. Ein magisches Zeichen einer magischen Gedankenwelt?

seitige Deutung zu. Der universale Charakter ist der wirkliche Maßstab von Architektur.

Architektur heute — Architektur damals. Ihr Anspruch, sich als Metapher von Raum, Zeit und Körper zu begreifen und dennoch rätselhaft zu bleiben, hat sich nicht verändert. So verhält es sich auch mit der überzeugendsten Form elementarer Architektur, dem Bauwerk des Cheops. Die große Pyramide, hinter der sich vermutlich ein unentschlüsselbarer Code verbirgt, drückt als ein als Grab getarntes archaisches Monument gleichzeitig Erleuchtung und Abwendung, Symbolkraft des geistigen Lebens und die Rückkehr der menschlichen Existenz zur Erde aus. Sie legt Zeugnis für die gewaltige Kraft der Architektur ab. Sie ist gleichzeitig Ausdruck einer Theorie und ihre Verwirklichung. Seitdem hatten sich Theorie und Praxis immer mehr von einander entfernt, nie mehr eine Einheit gefunden.

Die tatsächliche, die direkte Auseinandersetzung, die Konfrontation mit dem Architekten und seiner Arbeit ist heute mehr denn je eine unausweichliche Forderung, zumindest dann, wenn es darum geht, Architektur frei von denkbaren Zuordnungen, nach ihrem eigentlichen Wesen, nach ihrem autonomen Programm zu überprüfen. Das waren in etwa die Überlegungen, die zu dieser Vortragsreihe ›Architektur heute‹ in Wien, im Österreichischen Museum für angewandte Kunst (MAK), führten.

So unterschiedlich und zum Teil gegensätzlich die Standpunkte und Ausgangspunkte der hier vorgestellten Architekten auch sein mögen, so sind sie doch der Ausdruck einer Zeit, einer kritischen Haltung zu unserer Technik (etwa die Dialektik zwischen ›high tech‹ und ›dead tech‹), eine Attacke auf eine homogene und dennoch inhaltsleere Gesellschaft.

Alois Martin Müller

DIALEKTIK DER MODERNE

Vor über zwanzig Jahren hat sich in Paris ein Philosoph aufgemacht, in die allzu schlüssigen Konstruktionen der modernen Welt einzudringen. Daß die Überlegungen von Jacques Derrida in den letzten Jahren für die Architekturdiskussion wichtig geworden sind, hängt mit einer Sensibilisierung für die Problemlagen und Aporien zusammen, in welche eine Dialektik der Aufklärung unsere Zivilisation gebracht hat.

›Dialektik der Aufklärung‹ meint nach Theodor W. Adorno und Max Horkheimer[1]: Um zu einem autonomen Subjekt zu werden, muß sich der Mensch von der Natur und den dunklen Ursprungsmächten entfernen. Dieser notwendige Distanzierungsprozeß führt dazu, daß der Mensch die Natur und sich selbst in zunehmendem Maße besser zu beherrschen lernt. Diese Befreiung aus diffusen Abhängigkeiten — und dies ist Urgeschichte der Subjektivität — wird nun hybrid und wendet sich gegen den Menschen selbst: Er verfällt seiner Natur des Beherrschenmüssens, und Naturbeherrschung kippt um in Naturverfallenheit. Auf dieser zentrifugalen Fluchtbahn weg vom Ursprung verstrickt sich der Mensch mit jedem seiner Schritte wieder in mythische Abhängigkeit, der er ursprünglich entrinnen wollte, nämlich in die Mythologie der Welt- und Menschenbeherrschung mittels einer nur noch instrumentellen, einseitig auf Beherrschung eingesetzten Vernunft. Diesen Prozeß, jedoch ohne seine kulturpessimistische Grundierung, hat der Soziologe Max Weber als den großen Rationalisierungsprozeß der westlichen Welt beschrieben. Er schlägt sich innerhalb der Künste am wirkungsmächtigsten in der Architektur nieder, und zwar deshalb, weil die Architektur als Kunst, welche in der Lebenswelt funktioniert und ›halten‹ sowie zweckdienlich sein muß, mit der wissenschaftlich-technischen Vernunft am engsten verbunden ist. Das Maß an Rationalisierung und Funktionalisierung ist jedoch durch keine objektiven Werte vorgegeben. Ein großer Teil der Architektur hat sich in den ersten drei Jahrzehnten des 20. Jahrhunderts bewußt dem gesellschaftlichen Rationalisierungsprozeß angepaßt, weil sie Ausdruck des rationalen Fortschreitens der Menschheit sein wollte.

---

[1] Max Horkheimer und Theodor W. Adorno,
Dialektik der Aufklärung. Philosophische Fragmente, Frankfurt/M. 1969

Es gibt zur Dialektik der Aufklärung auch eine Dialektik der Moderne. Gleichsam als Parallelaktion zum Siegeszug der instrumentellen Vernunft läuft eine Bewegung, welche dieser Vernunft mißtraut, sie kritisiert, ihren mythischen Charakter entlarvt. Dialektik der Moderne heißt: Der nur ausschließlich rationalen Konstruktion von Logik, Fortschritt, Totalität etc. steht eine Bewegung gegenüber, welche diese Konstruktionen als solche durchschaut. Diese Bewegung dekonstruiert diese Konstruktionen. Beide Bewegungen sind im besten Falle als Korrektive aufeinander angewiesen und halten sich — um dafür einen Ausdruck Heraklits zu gebrauchen — in einer Art gegenstrebigen Fügung.

Alle Architektentexte in diesem Band versetzen eine allzu statisch und ruhig gewordene Moderne in Bewegung und versuchen, mit architektonischen Mitteln Fundamente und Fundamentalismen aufzubrechen. Sie gehen von ähnlichen Fragen an die Architektur aus, wie sie Derrida an Textkorpora gestellt hat. Deshalb seien die Grundgedanken Derridas hier skizzenhaft vorgestellt, und zwar ausdrücklich nicht deswegen, um die hier versammelten Architekten einmal mehr mit einem Einheitsetikett versehen zu wollen und falsche Verbindungen und Nähe zu suggerieren; sondern deshalb, weil die romantische Idee der »wechselseitigen Erhellung der Künste« immer noch ein probates Mittel zum Verständnis von Zusammenhängen ist.

Was Derrida Dekonstruktion nennt, ist keine abgeschlossene Theorie und kein systematisches Gedankengebäude. Dekonstruktion ist vielmehr eine Strategie, Texte der Philosophie oder der Literatur auf eine bestimmte Weise zu lesen, um ihnen auf die Spur zu kommen. Es interessiert dabei folgende Frage: Was tun eigentlich Autoren, damit sie in ihren Werken unumstößliche Wahrheiten und Absolutheiten postulieren können? Was unternehmen sie, um Grundprinzipien oder Fundamente, auf welchen ihre Theorien ruhen, schlüssig rechtfertigen und behaupten zu können? Und falls dies nicht gelingt: Welche Anstrengungen, Täuschungsmanöver und Vereinfachungen nehmen sie in Kauf, um zu einem Weltbild zu gelangen, in welchem ihre Sicht der Wirklichkeit bruchlos aufgeht? Dekonstruktion ist Schicht-Arbeit, die aufspüren will, was einem Text an Unbewußtheit zugrunde liegt, und was der blinde Fleck im Auge des Autors nicht sehen kann. Der Mensch scheint die fatale Fähigkeit zu haben, einen Weltbildapparat aufzubauen, dem er die Wirklichkeit mittels einer Art prästabilierten Harmonie unterordnet und anpaßt, damit die Wirklichkeit in ein Weltsystem aufgeht. Derrida zerlegt also Texte mit Hilfe einer philosophischen Fragestellung. Als erstes müssen die immanenten Begriffshierarchien der Denksysteme aufgelöst werden, und zwar deshalb, weil man es »bei einem klassischen Gegensatz nicht mit der philosophischen Koexistenz eines vis-à-vis,

[2] Jacques Derrida, *Positionen*, Graz 1986, S. 88

sondern mit einer gewaltsamen Hierarchie zu tun hat«.[2] Bei dieser Umstoßungsarbeit geht es darum, herauszufinden, wie die Hierarchien zustande kommen, wie sie sich selbst erklären und legitimieren.

Dekonstruktion tritt keineswegs als überlegene Vernunft auf, denn dazu müßte sie ein System aufgebaut haben, das seine Überlegenheit beweisen könnte, und damit begänne bereits wieder das Spiel mit den Oppositionen und das Denken in einem Wahr/Falsch-Schematismus, das heißt wieder das hierarchische Denken. Dekonstruktion wird nicht von außen an die vorgegebenen Strukturen herangetragen, sondern sie kann nur dann etwas ausrichten, wenn sie das System bewohnt: »Die Dekonstruktion hat notwendigerweise von innen her zu operieren, sich aller subversiven, strategischen und ökonomischen Mittel der alten Struktur zu bedienen, das heißt, ohne Atome und Elemente von ihr absondern zu

[3] Jacques Derrida, *Grammatologie*, Frankfurt/M. 1983, S. 45

können.«[3] Das Programm heißt demnach: Umstoßen, Innenarbeit, Aufbrechen. Gewagt ließe sich sagen, daß eine Art Virus in ein System eingeschleust wird und darin herumgeistert, nicht um das Programm zu zerstören, sondern um das Begriffsgebäude, die Begriffspyramide, bloßzulegen, unbewußten Antrieben auf den Grund zu kommen, den blinden Fleck aufzuspüren, den man nur von außen auf diese Weise sehen kann.

Die Grundprinzipien, auf denen diese Gebäude basieren, sind immer metaphysischer Natur, sagt Derrida. Metaphysik nannte Aristoteles die Philosophie, die er in seinen Schriften »nach der Physik« behandelte, und deren Gegenstand — was der griechische Begriff ebenfalls beinhaltet — »jenseits der Physik« liegt, wie zum Beispiel Wesen, Sein, Materie etc. Diese Hinterwelt isoliert die Erscheinungen und betrachtet sie als unveränderlich, als immerseiend und immerstimmend. Derrida zeigt nun in seinen Analysen, daß alle Namen für Begründung, Prinzip oder Zentrum metaphysische Begriffe sind, die wie erratische Blöcke aus der Geschichte auftauchen. Zugleich sind alle metaphysischen Begriffe Invariablen einer Präsenz.[4] Die Unmittelbarkeit der Empfindung, die

[4] Jacques Derrida, ›Die Struktur, das Zeichen und das Spiel im Diskurs der Wissenschaften vom Menschen‹, in: *Die Schrift und die Differenz*, Frankfurt/M. 1972, S. 424

Behauptung letzter Wahrheiten für ein göttliches Bewußtsein, die Annahme eines Ursprungs für die Geschichte, die spontane, nicht vermittelte Intuition, die Wahrheit, die hinter den physischen Erscheinungen steht — all diese Ideen und Vorstellungen berufen sich auf Einsichten, die scheinbar evident sind. Gerade die Kulturmoderne mit ihrem Kult des Neuen, mit der Aufwertung des Transitorischen, des Flüchtigen und des Ephemeren hat eine große Affinität zur Idee der metaphysischen Präsenz, nach einer innehaltenden, unbefleckten Gegenwart. Die metaphysischen Begriffe tragen als Fundamente ganze Denksysteme, die sie begründen und hierarchisieren. Dadurch hierarchisieren sie auch die Vorstellungs- und Lebenswelt. Dies hat nun zur Folge, daß zum Beispiel in Gegensatzpaaren immer jenem Ausdruck mit der größeren Nähe zur unmittelbaren Präsenz, zur Unmittelbarkeit, im menschlichen Denken eine höhere Bedeutung zugewiesen wird. Weil immer hierarchisiert wird, wird die Suche nach Grundprinzipien oder nach einer Zentriertheit zu einer bestimmten Reise: zu einer Reise auf der Suche nach Unmittelbarkeit, Ursprung, reiner Empfindung, Einheit. Diese Gralssuche wird in der Formulierung Derridas »zum Unternehmen einer ›strategischen‹ Rückkehr in Form einer Idealisierung, zu einem Ursprung oder einer Priorität, die als einfach, intakt, normal, rein, mustergültig, selbstidentisch gesehen wird, um dann davon ausgehend die Ableitung, die Komplikation, den Verfall, den Zufall usf. zu denken. Von Platon bis Rousseau, von Descartes bis Husserl sind alle Metaphysiker so vorgegangen: das Gute vor dem Bösen, das Positive vor dem Negativen, das Reine vor dem Unreinen, das Wesentliche vor dem Zufälligen ... es ist die metaphysische Forderung schlechthin, die konstanteste, tiefste und stärkste Vorgehensweise schlechthin.«[5]

[5] Jacques Derrida, *Limited Inc.,* Supplement zu *Glyph* 2, Baltimore 1977, S. 236

In der Architektur der Moderne verbinden sich exakt-wissenschaftliche Rationalität und Ursprungsdenken. Die Modernisierungsprozesse machen allen Wahrheiten permanent den Prozeß, so daß umfassender Sinn in immer kleinere Sinnpartikel zerfällt. Diese Aufsplitterung und Fragmentierung führt in eine Ganzheitsmisere, gegen die sich viele Künstler und Architekten auflehnen, indem sie aus den Scherben der zerfallenden Welt wieder ein ganzes, wahres und wesentliches Weltbild zusammenzufügen versuchen. Die reinen geometrischen Formen scheinen diese wahren und wesentlichen Tiefenschichten am gültigsten auszudrücken. Sie predigen körperlich, sie sind der ›sermo corporeus‹ dessen, was bei den Metaphysikern die Ausdrücke für Unmittelbarkeit, Uranfang und Zentrum begrifflich leisten. Die Formen müssen, damit sie wesentlich und wahr sind, formal einfach, intakt, normal, rein, mustergültig und unreduzierbar sein, ohne rhetorische Floskeln. Die Form selbst wird so metaphysisch geladen, die reinen Grundkörper werden zu metaphysischen Körpern. Also auch hier: strategische Rückkehr in Form einer Idealisierung − hin zu Einheit und Einfachheit, zu Uranfang und Ursprung. Dies ist der Ursprungsmythos der klassischen Moderne auf der Linie des Funktionalismus und Rationalismus.

Allen Architekten, welche in Wien gesprochen haben, geht es um ein neues architekturales Denken. Sie arbeiten daran, die Architektur aus einer zu eingeschränkten wissenschaftlich-technischen Rationalität − und Symbolik eben dieser Rationalität − vernünftig herauszuführen. (Diese Vernunft weiß um die Gefahren einer mythisch gewordenen Vernunft und läßt deshalb ein Mehr an Vernunftskepsis zu.) Sie sind nicht mehr Paradiessucher oder ursprungssehnsüchtige Rückkehrer mit Fortschrittsattitüde, sondern sie sind Strategen gegen voreilige Harmonisierung. Sie bewohnen nicht mehr ein Denken, das von einer Idealität, einer Essenz oder einer wahren Natur ausgeht, und welches Architektur fundieren soll. Sie sind Anti-Fundamentalisten, ohne bodenlos zu sein, und sie bewegen sich, weil sie die Metaphysik aufgeschoben haben, in der Verschiebung.

Bernard Tschumi befaßt sich schon lange mit dem Thema der Transgression in bezug auf die Architektur: mit der Lust und der Gewalt, mit dem Eros und dem Zerfall, mit dem Wahnsinn und dem Zufall, mit Bereichen, welche die Grenzen einer diskursiven Vernunft überschreiten. Sein theoretisches Bemühen galt lange dem ›Andern‹ der Architektur, dem Verdrängten, Tabuisierten, dem ausgeschlossenen Sinnlichen, welches die Formen stört oder sogar zerstört. In der Architektur hat es kaum Versuche gegeben, die Poesie des Zufalls, die radikale Kritik durch Ironisierung, den Stilbruch oder die Technik der Collage und Montage für sich fruchtbar zu machen. Deshalb sind Dezentriertheit, Disjunktion, Juxtaposition, Heterogenität und Fragmentation die Eckpfeiler im architektonischen Denken Bernard Tschumis.

Peter Eisenman beschäftigt sich mit dem Verlust der Zentrumsposition, mit dem Exzentrischwerden des Menschen in der Moderne. Für die Architektur hat dieser Prozeß zur Folge, daß sie sich auf nichts mehr beziehen kann: nicht mehr auf das menschliche Maß und auch nicht mehr auf die selbstgeschaffenen Fiktionen wie Vernunft und Geschichte. Eisenman ist der kulturelle und psychoanalytische Schichtarbeiter unter den Architekten, welcher die Architektur gleichsam auf die Couch legt und die vor der Architektur liegenden und von ihr fraglos akzeptierten Heilslehren der Geschichtsphilosophie und der Vernunft dekomponiert und entmystifiziert. Der Illusion der Verkoppelung von Rationalität mit Wahrheit und Transparenz sowie der Ewigkeitsillusion der klassischen Moderne will Eisenman nicht mehr in die Falle gehen.

Daniel Libeskinds Projekt ›Erweiterung Berlin Museum mit Abteilung Jüdisches Museum‹ konfrontiert jeden Architekten zwangsläufig mit dem Problem der ›Dialektik der Aufklärung‹. Es stützt sich nicht mehr auf einen Anfang, es hat kein Zentrum, und die Wände kippen. Das Museum kann selbstverständlich nicht Ausdruck einer Geschichtskonstruktion im Hegelschen Sinne sein, welche aufklärerische Philosophie und Geschichte verklammert und folglich annimmt, dem Geschichtsprozeß liege ein vernünftiges Prinzip zugrunde. In unserem Jahrhundert haben Totalitarismen Hegels Geschichtsoptimismus radikal zerstört. Libeskinds Entwurf ist Metapher für eine Geschichtskatastrophe, kündet von Verbrechen, deren erklärtes Ziel Menschenvernichtung war, und deren Spuren zu verschwinden drohen, weil die Vernichtung tatsächlich stattgefunden und eine riesige, unausfüllbare Leere zurückgelassen hat.

Subversive Kraft gegenüber Machtansprüchen einer nur noch einengenden Rationalität und architektonischen Funktionalität zu entwickeln, ist nicht nur das Privileg der Theorie. Es gibt etwas viel Hautnäheres, das gegen Ersticken und Uniformität rebelliert: der Körper und das Gefühl. Die ›Offenen Architekturen‹ von Coop Himmelblau, einem Team bestehend aus Wolf D. Prix und Helmut Swiczinsky, unterliegen keinem vorauseilendem Gehorsam gegenüber sogenannt Machbarem und Sachzwängen. Die Architekten gehen den Entwurf mit Körperbewegungen, mit Tempo und Dynamik an: Mit möglichst wenig Kontrolle wird das Gefühl für eine Architektur aufs Papier ›geworfen‹, damit die Leidenschaft und die Unmittelbarkeit, die Energie und der Enthusiasmus erhalten bleiben. Ihre ungebrochen-gebrochene Architektur produziert gerade die Brüche, die andere normalerweise zu eliminieren trachten. Indem sie einem Repertoire von Gesten — wie Verkantungen, Verdrehungen, Durchstoßungen, Durchbrüche und Aufschlitzungen — freien Lauf lassen, entsteht bei ihnen eine Architektur der lichten poetischen Räume und ›Resträume‹ durch Konfrontation.

Michael Sorkin, Zaha M. Hadid und Morphosis wehren sich auf jeweils eigene Art gegen die offiziellen Vernunftstile (styles of reason), wie Sorkin sie nennt, gegen die Tyrannei des karthesianischen Rasters und gegen einen Tiefe und Numinoses vorspiegelnden Minimalismus. Statt das bereits Verifizierte immer wieder neu zu inszenieren, müßte einer fallibilistischen Architektur in einer Welt, in der Planungen wegen ihrer Zeitdynamik ohnehin immer zur Hälfte fiktional sind, eine Chance gegeben werden. Auf Grund ihrer Auseinandersetzungen mit dem Suprematismus von Kasimir Malewitsch hat Zaha Hadid begonnen, Flächen und Körper in Bewegung zu versetzen. Wenn sie diese sogar abheben läßt, tut sie es so, daß nach dem Schwerkraftverlust Überlagerungen entstehen, die sie für ihre Architektur produktiv nutzt. Und die Architektur von Morphosis — von Thom Mayne und Michael Rotondi — zeigt die Textur einer heterogenen Gesellschaft. Bauen wird bei ihnen zum Vermögen, den einzelnen Teilsystemen ihre Autonomie zu belassen und sie trotzdem zu einem Ganzen zu fügen, indem die Übergänge nicht verwischt werden.

Jean Nouvel meint, für den heutigen Architekten gebe es keinen vorgeschriebenen Weg mehr. Deshalb versucht er, den Zweifel in die Projekte einzuführen, den Zweifel gegenüber allen Vereinfachungen und offiziellen Gegebenheiten. Große Gebäude, die er sehr oft plant, stehen in einem eigentümlichen Spannungsfeld: Einerseits besteht ein Hang nach Vereinfachung und Übersichtlichkeit, andererseits werden sie selbst immer komplexer. Dieses Paradox versucht er mit einer verknüpfenden Vernunft, mit transversalem Denken zu bewältigen.

Lebbeus Woods ist der visionäre Gesamtkunstwerker unter den hier versammelten Architekten. Seine eigentümlich geknickten ›Bricolagen‹ — verstanden im positiven Sinne eines Lévi-Strauss — schweben zum Teil nicht nur in der Luft, sondern sie halten auch die prekäre Balance zwischen optimistischer Artistenmetaphysik, die eine zerfallene Welt wieder zusammenhalten und zusammenzwingen möchte, und großer Skepsis.

Die in diesem Band versammelten Architekten sind nicht mehr deduktive Rationalisten und nicht mehr Interpreten einer einheitlichen Weltschau, sondern sie zielen auf etwas Komplexeres und zugleich Unbestimmteres. Sie konfrontieren uns mit der Paradoxie und Tragödie der Kultur, von der der Soziologe Georg Simmel spricht: Paradox ist, daß das fließende Leben durch die festen Formen hindurchgeführt werden muß, daß es nur so seine Formation erfährt, tragisch ist eine kulturelle Fehlentwicklung, bei der das Leben diese festen Produkte immer weniger zu assimilieren vermag und sich ihnen entfremdet. Die Moderne hat immer verschiedene Aggregatzustände gekannt; sie ist wieder unterwegs, die kristallinen Gebilde ohne Einheitszwang in Vielschichtigkeit aufzulösen.

Wolf D. Prix

ON THE EDGE

Ich bedanke mich für die entsetzlich schöne Einleitung.

Es ist natürlich kein Zufall, daß das Teamphoto am Anfang des Vortrags steht (siehe Frontispiz). Denn das heißt, daß mein Freund Helmut Swiczinsky und ich alle Projekte, die Sie sehen werden, gemeinsam entwickelt haben.

Ich komme gerade aus unserem Atelier in Los Angeles, und jedesmal, wenn ich in Wien eintreffe, frage ich mich, wie denn der Unterschied zwischen Wien und Los Angeles zu erklären wäre.

Erstens, Los Angeles hat 14 Millionen Einwohner, zweitens entstehen in Los Angeles Trends, die, wenn auch sehr widerwillig, in New York übernommen werden und später nach Europa kommen. Ich habe von einem Trend, der von Wien ausgeht und nach Los Angeles kommt, noch nie gehört. Und drittens liegt ein wesentlicher Unterschied in der Behandlung der Architekten. In Los Angeles kümmert sich niemand um die Architektur und die Architekten, im Unterschied zu Wien; hier ist jeder Architekt, und jeder kümmert sich um Architektur. Ob das ein Vorteil ist, sei dahingestellt.

Das hat natürlich eine lange Tradition, und Sie kennen sicher die Geschichte von Siccardsburg und van der Nüll, den Erbauern der Wiener Staatsoper. Während des Baus wurde beschlossen, die Ringstraße um einen Meter höher zu legen. Die Architekten haben sich verzweifelt dagegen gewehrt. Umsonst. Bei der Eröffnung erscheint der Kaiser und sagt zu seinem Adjutanten so ganz nebenher: »Das Gebäude ist zu nieder.« Der Adjutant erzählt das der Presse, und die Presse macht das zur öffentlichen Meinung. Die Oper ist unproportioniert und zu nieder. Der Architekt liest das, geht nach Hause und erschießt sich. Der Kaiser erfährt die Geschichte, beschließt betroffen, nie mehr öffentlich seine Meinung kundzutun, und sagt seitdem nur mehr: »Es war sehr schön, es hat mich sehr gefreut.« Soviel zur Behandlung der Architekten in Wien.

---

1. Jasmac Bar- und Restaurantgebäude,
Fukuoka, Japan, 1989

Der Titel des Vortrages heute abend lautet ›On the Edge‹. Ich werde daher über den Entwurf von verdrehten, verkippten und zerbrochenen Bauteilen sprechen, ich werde über offene Architektur sprechen.

›Offene Architektur‹ — was heißt das? Oder besser gefragt, wie sollen wir denken, planen und bauen in einer von Tag zu Tag zerfetzteren Welt? Sollen wir diese Zerfetztheit verdrängen und uns in eine heile Architekturwelt flüchten? Abgesehen davon — und das wissen wir als gelernte Wiener sehr genau, daß Verdrängen enorm viel Energie und Phantasie verschlingt, Energie und Phantasie, die wir viel lieber in Projekte stecken —, abgesehen davon also gibt es die heile Architekturwelt nicht mehr, und es wird sie auch nie wieder geben.

›Offene Architektur‹ — heißt das, daß die Architektur, daß das Gebäude nicht fertig ist, daß es transparent ist, daß es keine Türen gibt und keine Fenster? Nein, das heißt es alles nicht. ›Offene Architektur‹ ist für uns Architektur, die vorerst ohne Widmung gedacht ist, selbstbewußte Strukturen, die differenzierte Räume ausbilden, Räume, die den späteren Benutzer nicht festlegen, aber ihm selbstbewußt Möglichkeiten anbieten. Wir haben dabei an Loft-Gebäude gedacht. Sie kennen sicherlich diesen Ausdruck ›Loft‹. Das sind ehemalige Gewerbebauten, die später umgenutzt wurden. Seit 1965 haben uns die Lofts fasziniert. Große, leere Hallen ohne Widmung. Und so haben wir begonnen, Loft-Strukturen zu entwerfen. In unserer Phantasie waren das Rohbauten, die ungewidmet sind.

Das Projekt ›*Hot Flat*‹, 1978 entworfen, ist der nächste Schritt (Abb. 2). Bei diesem Projekt geht es nicht mehr nur um große, neutrale Hallen, sondern auch um Elemente, die diese Hallen differenzieren. Hier ist das ein Gemeinschaftsraum, der wie ein brennender Pfeil das Gebäude durchstößt, und dessen Flammen, ein Glasdach, den Hof überdecken. Dieses Flammendach durchschneidet einzelne Wohnungen und beginnt, Ecken und Kanten herauszuschleifen, die momentan scheinbar keinen Sinn ergeben, aber eine räumliche Differenzierung zulassen.

Diese Flamme ist ein perfektes Synonym für Formmutation. Formmutationen haben uns schon immer beschäftigt, und sie haben uns letztlich zu den verdrehten und verkippten Bauteilen geführt. Der pfeilartige Bauteil, der bei dem Projekt ›Hot Flat‹ das Gebäude noch gerade durchstößt, wird bei dem Projekt ›*Merzschule*‹, 1981, zu einem verkippten Element (Abb. 3). 1982, bei dem Projekt *Wohnanlage Wien 2*, gehen wir einen Schritt weiter; wir verdrehen und verkippen zwei Bauteile gegeneinander und kombinieren sie mit einer Flamme (Abb. 4). Dadurch entstehen im Inneren Räume, die, ähnlich wie Landschaften, differenziert sind. Sie sind zuerst neutral und sollen später vom Benutzer ausgebaut und verwendet werden.

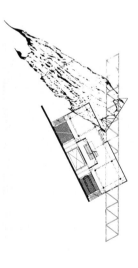

2. *Grundriß Wohngebäude* ›*Hot Flat*‹, *Wien, 1978*

3. Modell >Merz-
schule<, Stuttgart,
1981

4. Modell Wohn-
anlage Wien 2,
1983

Dieses Konzept war der ideale Ausgangspunkt eines Wettbewerbs für ein *Jugendzentrum in Berlin* im Jahr 1983 (Abb. 5). Bei diesem Projekt schien es uns sinnvoll, Räume anzubieten, die später von den Jugendlichen in Besitz genommen und ausgebaut werden könnten. Räume ohne bestimmten Zweck, nur ungefähr aufgeteilt, aber differenziert und verwoben. Die Hallen sollten den Benutzer auffordern, aktiv zu werden. Diesen Wettbewerb haben wir nicht gewonnen, und die Begründung für die Ablehnung war, daß eben dieses Konzept das Jugendzentrum unverwaltbar mache. Wir können uns kein größeres Kompliment vorstellen.

Ich möchte etwas zu dem Entwurf an sich sagen. Die deutsche Sprache ist sehr präzise in diesem Fall. Das Wort Entwurf besteht aus der Silbe >Ent-< — wie in Entflammen, Entäußern — und dem Wort >Werfen<. Es beschreibt also das Entwerfen als eine sehr komplexe, dynamische Handlung.

5. Modell Jugend-
zentrum Berlin,
1983

In den letzten fünf bis zehn Jahren haben wir begonnen, den eigentlichen Vorgang des Entwerfens zu verkürzen, zu kondensieren. Das soll heißen, daß wir zwar über das Projekt sprechen, nicht aber über die räumlichen Schlußfolgerungen. Wir versuchen eher das Gefühl, die Emotion einzukreisen, die der Raum später ausstrahlen soll. Und dann ist plötzlich eine Zeichnung da, manchmal auf einem Blatt Papier, manchmal auf dem Tisch, manchmal sogar an der Wand oder am Fußboden, und zur gleichen Zeit entsteht ein Modell. Und das geht so: Wir sind ein Team, und während der eine die Zeichnung aufs Papier bringt, baut der andere das Modell. Das Modell hat keinen Maßstab und ist so wie die Zeichnung als erster Eindruck des entstehenden Gebäudes gedacht.

Warum wir diese Entwurfstechnik entwickelt haben, hat mehrere Gründe. Ein Grund ist sicher der, daß wir dieses Entwurfsmoment von allen Sachzwängen freihalten wollen, um zu einem freien Grundriß zu gelangen. Der andere Grund ist, daß wir glauben, zeitrichtige Architektur müsse die Komplexität und Vielfalt der heutigen Gesellschaft reflektieren und widerspiegeln. Dieses Ziel erreichen wir eher mit dem oben beschriebenen Entwurfsvorgang, der sicher mehr mit Kunst zu tun hat als mit den heute üblichen eindimensionalen Entwurfsregeln, die aus dem 19. Jahrhundert stammen. Uns scheint es wichtig, diese überkommenen Denk- und Sehweisen durch eine vielschichtige ›Logik‹ zu ersetzen, die uns Komplexität nicht nur verstehen, sondern auch erfinden läßt. Beschrieben haben wir diesen Entwurfsprozeß in einem Text aus dem Jahr 1989 mit dem Titel ›Auf des Messers Schneide‹:

> »Wenn wir von Schiffen sprechen, denken andere an Schiffbruch.
> Wir jedoch an vom Wind geblähte weiße Segel.
> Wenn wir von Adlern sprechen, denken andere an Vögel.
> Wir aber sprechen von der Spannweite der Flügel.
> Wenn wir von schwarzen Panthern sprechen, denken andere an Raubtiere.
> Wir aber an die ungezähmte Gefährlichkeit von Architektur.
> Wenn wir von springenden Walen reden, denken andere an Saurier.
> Wir aber an das Fliegen von 30 Tonnen Gewicht.
> Wir finden Architektur nicht in einem Lexikon. Unsere Architektur ist dort
> zu finden, wo Gedanken schneller sind als die Hände, um sie zu begreifen.«

Die erste Zeichnung ist daher unheimlich wichtig für uns, denn sie ist der erste Abdruck eines Gebäudes.

In den letzten drei bis vier Jahren haben wir begonnen, selbst diesen sehr schnellen Entwurfsprozeß, der am ehesten mit der Annäherung an den Kern einer Explosion zu vergleichen ist, noch einmal zu verkürzen. Wir haben einfach angefangen, die gesprochene Sprache, mit der über das Projekt zu kommunizieren wir gewohnt sind, durch die schnellere

6. ›*Herzraum*‹
(*Astro-Ballon*),
1969

Körpersprache zu ersetzen. Das heißt, Helmut und ich reden nicht mehr, es genügen Andeutungen, es genügen Gesten. Und im Jahr 1987, bei dem gewonnenen Wettbewerb für die Stadt Melun Sênart, eine *Trabantenstadt* für 240 000 Einwohner, und beim Projekt des Wiener *Theaters* ›*Ronacher*‹, über das ich heute nicht sprechen werde, war die Körpersprache die erste Zeichnung und das erste Modell.

Schon früh, und zwar in den späten sechziger Jahren, war es unser Anliegen, Körper und Architektur in Beziehung zu setzen. Der ›*Herzraum*‹ zum Beispiel, entworfen und gebaut 1969, macht den Herzschlag hör- und sichtbar (Abb. 6). In einem weiteren Projekt werden die Gesichtsbewegungen, die die natürliche Fassade der Emotionen sind, in Licht und Ton übersetzt. In dem Projekt ›*Harter Raum*‹, 1970, haben wir mittels unserer Herzschläge Explosionen ausgelöst.

Diese Entwurfstechnik haben wir natürlich nicht von heute auf morgen erfunden, sondern anhand von Installationen, Skulpturen und Objekten lange trainiert. Solche Installationen sind für uns immer ein Anlaß, Dinge auszuprobieren, neue Prozesse zu testen oder unser plastisches Vokabular zu erweitern. Wenn wir solche Objekte machen, wissen wir nie, wozu sie gut sind. Aber es stellt sich heraus, daß Elemente dieser Skulpturen später als Bauteile unserer Architektur verwendet werden.

Das nächste Projekt heißt ›*Architektur ist jetzt*‹, weil hier zum ersten Mal die erste Zeichnung zum Objekt wurde. Am 5. März 1982 ist die Zeichnung gemeinsam mit einem Modell entstanden. Als wir das Modell fertig gesehen haben, waren wir beide sehr erschrocken und sagten, das ist so häßlich, daß wir es unbedingt bauen müssen. Was wir auch getan haben, und zwar in der Kunsthalle in Stuttgart. Das Objekt besteht aus einem beweglichen Teil, der aus Stahl und Blech gefertigt wurde, die Wände waren aus Beton, Karton und Holz. Eine gebogene Leitschiene überspannt das ganze Projekt, durchbricht die Mauer und endet in einem Flügel.

Bei einem anderen Projekt, das ›*die Haut dieser Stadt*‹ heißt und 1982 in Berlin gebaut wurde, haben wir mit der ›Sinnlichkeit‹ der Stadt experimentiert. Harte und weiche Materialien wurden über räumliche Transversale gespannt.

Ein Schlüsselprojekt dieser Entwurfsmethode ist für uns sicher das ›*Offene Haus*‹ (Abb. 7). Wir haben uns lange gewehrt, Einfamilienhäuser oder Wohnungen zu entwerfen, einfach deswegen, weil wir den Lebensraum des Benutzers nicht bestimmen wollten. Erst ›die Erfindung‹ der ›Offenen Architektur‹ hat uns erlaubt, diesem Thema näherzutreten.

Wir haben uns überlegt, wie ein Haus aussehen könnte, aber dabei nie an Räume oder an Details gedacht. Wir wollten das Gefühl entwerfen, das Gefühl, das man haben wird, wenn man die fertig gebaute Architektur betritt. Die endlosen Gespräche dienten daher nicht dazu, den Architekturgrundriß zu bestimmen, sondern ergaben eine Annäherung an den psychischen Grundriß. Plötzlich war dann das Haus da, nicht als Gebäu-

7. Modell
›Offenes Haus‹,
Malibu,
Kalifornien, 1983

de, sondern als Gefühl. Nicht die Formen oder Farben oder die Details waren wichtig in diesem Augenblick, sondern das Gefühl der Höhe, das Gefühl der Weite, der Wölbung, selbst der Ausblick war da, all das konnte man fühlen. Um nicht abgelenkt zu sein, auch nicht von der Tätigkeit des Zeichnens, wurde die erste Zeichnung mit geschlossenen Augen gemacht. Die Finger, die das Papier berührten, und der Bleistift waren Seismograph des Gefühls, das dieses Haus später ausstrahlen wird. Zur gleichen Zeit entstand das Modell, es wurde Schritt für Schritt hochentwickelt. Dabei stellte sich heraus, daß die scheinbar willkürlichen Formen später durchaus Sinn ergaben. Der gekippte Container zum Beispiel verlangt eine doppelschalige Konstruktion, die auf der einen Seite hervorragend für eine passive Energie-Konzeption geeignet ist und uns auf der anderen Seite erlaubt, die Installationssysteme wo und wann immer wir wollen zu verlegen.

Wir konnten nämlich den Auftraggeber davon überzeugen, daß wir nur die Hülle für ihn bauen. In dieser Hülle solle er leben, um festzustellen, wo er gerne schlafen, wo er gerne lesen, wo er gerne sitzen, wo er gerne kochen möchte. Das alles hängt nämlich sehr stark von Dingen ab, die man nicht unbedingt von den Plänen ablesen kann. Die Veränderung der Formen durch Licht zum Beispiel. Der Auftraggeber wird also in die Hülle einziehen und keine vorbestimmten Räume finden. Nur einen einzigen großen Raum, den er vielleicht sofort aufteilen wird, vielleicht wird er ihn aber auch nie aufteilen. Das ist ›Offene Architektur‹.

Die Konstruktion steht zunächst nie im Vordergrund, sie wird aber sehr wichtig bei der Umsetzung des Projektes, bei der Umsetzung des Gedankens in die Realität. Unser Statiker, Oskar Graf, sagt immer, daß wir Sachen bauen, die ein Mittelding zwischen Brücke und Flugzeug sind. Eigentlich ist unser Statiker der Dekonstruktivist; er zerlegt nämlich die komplizierten und komplexen Systeme in Einzelteile, um sie berechnen zu können.

Die Geschichte des ›Offenen Hauses‹ ist eigentlich eine Filmstory und bedarf eines eigenen Vortrags. Es wird jedenfalls in Malibu, Kalifornien, gebaut werden. Wie es innen wirkt, sieht man an dem Modell. Wir können uns, ob wir wollen oder nicht, dem kalifornischen Klima nicht entziehen.

Nun komme ich zu dem Begriff ›gebaute Zeichnung‹. Es ist leicht zu bemerken, daß unsere Zeichnungen keine Architekturzeichnungen im herkömmlichen Sinn sind, sie sind auch keine Werkzeichnungen, sondern das erste Fassen des Gefühls auf Papier. Wir sagen dazu: Grundriß = Aufriß = Schnitt = Detail = Perspektive. Die Themen, die die erste Zeichnung beinhaltet, werden dann beim Ausarbeiten immer deutlicher und sichtbarer.

Das Thema des Daches hat uns schon sehr lange beschäftigt, und der Auftrag, einen *Dachboden in Wien* in eine Rechtsanwaltskanzlei umzubauen, kam uns daher sehr gelegen. Die Zeichnung reißt das Thema auf: ›Innen und Außen‹, zeitgemäße Ecklösung, Auseinandersetzung mit dem Kontext. Der Kontext definiert sich uns hier nicht durch Proportion, Material oder Farbe. In diesem Projekt ist der Kontext die Beziehung zwischen Straße und Dach. Deswegen der verkehrte Blitz, der die Energielinie darstellt, die das Dach überspannt und aufreißt (Abb. 9).

Viele Leute sagen, daß wir unheimlich aggressiv seien, und daß unsere Architektur zerstöre, wie übrigens auch Dekonstruktivismus mit Destruktion verwechselt wird. Ich glaube, das mit der Zerstörung stimmt nicht. Wenn wir etwas zerstören, wie dieses alte Dach zum Beispiel, dann nur, um neue Räume zu schaffen, Räume, die differenzierter und aufregender sind als die vorhergehenden.

Die Aufgabenstellung ist leicht zu beschreiben: 400 Quadratmeter Dach waren in ein Büro umzubauen. Das Hauptaugenmerk sollte auf einem zentralen Besprechungsraum liegen. Bei der Lösung dieser Aufgabe wird auch eine unserer Strategien deutlich: Wir haben nämlich die beiden Seitenflügel sehr ökonomisch geplant und gebaut, um alle Energie in den Hauptteil des Gebäudes zu führen. Die beiden Balkone auf verschiedenen Ebenen verdeutlichen das Konzept des Wechselspiels zwischen Innen und Außen. Eine Stiege führt vom Foyer zum Dachgarten hinauf, von dem aus man auch in den Sitzungssaal gelangt. Am Konstruktionsmodell zeigt sich allerdings, daß die Umsetzung der räumlichen Idee in Architektur nicht zum Einfachsten gehörte. Als wir das Modell im Museum of Modern Art anläßlich der ›Deconstructivist Architecture‹-Ausstellung 1988 gezeigt haben, meinten unsere amerikanischen Kollegen, ja, das ist alles sehr schön, aber bauen werdet Ihr das wohl nicht wollen. Wir haben sehr gelacht, denn zu dieser Zeit war das Projekt schon im Bau.

Es war uns wichtig, den *Mittelraum* nicht nur mit einer einfachen Glaskuppel zu überwölben, sondern ein spannungsreiches Spiel zwischen offenen und geschlossenen Flächen zu erreichen, das gleichzeitig auch zur Kontrolle des Lichts dient (Abb. 8). Ebenso haben wir uns sehr genau überlegt, welchen Ausblick wir freigeben, und welchen wir blockieren. Vom Balkon zum Beispiel, der in den Sitzungssaal reicht, überblickt man nicht nur den Innenraum, sondern man sieht bis zur Straße hinunter. An diesem Standort spürt man das Rückgrat der Architektur, den Blitz, der das Projekt überspannt.

Einer der Nebenträger durchbricht die Wand. Das gab uns die Gelegenheit, einen Lichtschlitz zu gestalten, durch den zu bestimmten Stunden — vorausgesetzt, die Sonne scheint — ein Lichtpfeil auf die

Wand fällt. Am Abend hat der Auftraggeber die Möglichkeit, einen künstlichen Sonnenpfeil in die andere Richtung zu werfen.

Beim Seitenflügel haben wir, um im ganzen Projekt eine einzige Ebene zu haben — also keine Rampen, keine Stufen —, die alte bestehende Konstruktion so ökonomisch umgebaut, daß es fast an Münchhausen erinnert, der sich an den eigenen Haaren aus dem Sumpf zieht.

Um noch ein Beispiel zu geben, wie wir Details entwerfen: Die Hausverwaltung wollte, daß wir in den verlängerten Stiegenhausturm Fenster einbauen. Die Zeichnung mit den Fenstern war uns aber zu langweilig, und so haben wir sie einfach durchgestrichen. Die Korrektur der Zeichnung haben wir dann gebaut.

Wir glauben, daß man Auftraggeber und Architekten nie auseinanderdividieren kann, denn ohne Unterstützung des Auftraggebers hätten wir dieses Projekt nicht realisieren können. Ich muß allerdings gestehen, daß wir, als wir zum ersten Mal diesen Bau als glühenden Diamanten am Dach des Hauses gesehen haben, sehr stolz auf uns allein waren.

Nicht immer allerdings zeichnen wir, um Fragen vorwegzunehmen, nicht immer zeichnen wir die erste Entwurfszeichnung für das Projekt mit geschlossenen Augen, nicht immer ist dieser Vorgang zeitlich gedrängt. Bei dem *Funder Werk 3* von 1988/89 sind wir sehr konzeptionell an das Thema herangegangen. Wir haben die Fabrik zur selben Zeit gebaut wie den Dachboden. Der erste Ansatz war der Gedanke: Lassen wir eine Fabrik tun, was sie tut, also produzieren. Die Halle, die dazu benötigt wird, sollte weiß und möglichst ohne Details sein. Als nächsten

Schritt haben wir die uns wichtigen Teile herausgeschnitten und anschließend ergänzt, bis zu der verdichteten *Energiezentrale* (Abb. 10). Die ›Tanzenden Kamine‹ der Zentrale sind eigentlich eine gebaute Frage. Die Frage lautet: Warum müssen Kamine immer gerade stehen? Die sehr ökonomisch gebaute Produktionshalle wird durch Zufügungen oder Weglassungen plastifiziert. Die neutrale weiße Halle der einen Seite nennen wir die Hundert-Stundenkilometer-Fassade, weil an dieser Seite eine Schnellstraße vorbeiführt, auf der man gut und gerne so schnell fährt. Auf der anderen Seite liegt eine kleine Straße, und dort gibt es dann die Dreißig-Stundenkilometer-Fassade mit dem Eingang. Sie ist wesentlich differenzierter und aufgelöster.

Zum *Haupteingang*, an der roten Farbe leicht zu erkennen, gibt es viele Geschichten (Abb. 11). Eine erzähle ich, damit Sie sehen, daß wir auch bei großen Projekten den Humor nicht verlieren. Während des Baus ist hier das Problem einer feuerhemmenden Wand aufgetaucht. Wir hatten keine Ahnung, wie das zu lösen wäre, bis wir bei der Baubesichtigung feststellten, daß ein Stiegenhaus komplett falsch eingebaut worden war. Wir haben das Stiegenhaus herausreißen lassen, haben es am Eingang verkantet aufgestellt und rot gestrichen. Als Mahnung, daß man die Pläne der Architekten besser lesen sollte.

Ein wichtiger Satz für uns ist: Wir glauben nichts und niemandem, weil alle recht haben, aber nichts, wirklich nichts, richtig ist. Seitdem wir aber den Auftrag für das Funder Werk an einem 24. Dezember bekommen haben, glauben wir, oder beginnen wir wieder an den Weihnachtsmann zu glauben.

10. Funder Werk 3, Energiezentrale mit ›Tanzenden Kaminen‹, St. Veit/Glan, 1988 – 89

11. Funder Werk 3, Glaseck mit Eingang rechts, 1988 – 89

Das Verkanten und Verdrehen, das eigentlich ein sehr einfaches Entwurfsprinzip ist, weil es erlaubt, starre Funktionen in räumlich differenzierte Funktionen aufzulösen, haben wir auch bei einem Projekt, das wir zur Zeit bearbeiten, angewandt. Es handelt sich wieder um eine Fabrik, nicht nur um eine Fabrik, es ist eine Kombination aus einer Fabrik, einem Büro und einer Wohnung.

Sehr deutlich läßt sich diese Verkippung und Verdrehung, die Räume schafft, die man sonst nicht bekommt, auch anhand eines anderen Projektes für das *Hotel Altmannsdorf* erklären. Es geht hier um einen Zubau, der hundert Betten umfassen soll. Wir haben durch das Hereindrehen des Baukörpers von der Straße eine Öffnung zum Park erreicht, und durch das Hineindrehen und Aufständern war es möglich, die Hotelräume auf der Höhe der Bäume anzusiedeln. Das hat natürlich noch einen anderen Grund, wir konnten nämlich nicht auf der Erde bauen, weil das Gebäude über einem See schwebt. Durch das Aufkippen eines Geschosses dieses grundsätzlich dreigeschossigen Riegels erhielten wir ein viertes Geschoß, das als Freizeitgeschoß genutzt werden kann. Das Ganze ist 60 Meter lang und kragt 30 Meter weit aus.

Bei einem *Bürogebäude* in Niederösterreich sieht man deutlich, daß uns die Verkippung und Verdrehung Räume an die Hand gibt, die möglicherweise nicht nur differenzierter, sondern auch interessanter sind, als wenn man Kisten in Kisten denkt. (Es ist übrigens sehr amüsant, wenn Rem Koolhaas sagt: »Ihr Himmelblauen seid mir zu skulptural, ich hingegen bin pragmatisch, ich baue nur mehr Würfel, denn das ist abstrakt und logisch.«) Dieses Aufkippen ergibt Räume unter den Baukörpern, die zum Umraum geöffnet werden können, ebenso sind die beiden Bürotrakte auseinandergeschoben, um den Außenraum mit einzubeziehen. Die Gebäude sind vom Keller bis zum Dach begehbar. Eine rampenförmige Erschließung erlaubt es, vom Eingang über die Dächer in den Präsentations- und Schulungsraum zu gelangen. Eine Rampe, ähnlich wie im schon erwähnten Dachboden, schaut in den Raum hinein. Das Thema der ausgeschnittenen Form, Kreuzform oder X-Form möchte ich fast sagen, beschäftigt uns in der letzten Zeit immer mehr.

Sie wissen ja, Architektur braucht zumindest drei Stützen, um sicher zu stehen. Wir bemerkten, daß wir in den letzten Projekten angefangen hatten, diese dritte Stütze in Frage zu stellen. Wir haben das auch bei Möbeln durchgespielt. Dabei ging es uns um Beweglichkeit. Bei *MAL-ZEIT*, einer Küche für EWE-Küchen, konzipierten wir beispielsweise automatisch verstellbare Tische sowie die Möglichkeit, Teile auszuschwenken oder auszufahren (Abb. 12).

Ich brauche nicht zu erwähnen, daß *Walden*, 1968 entworfen, das Synonym für Beweglichkeit ist. Wir sind damals mit Kugeln durch eine

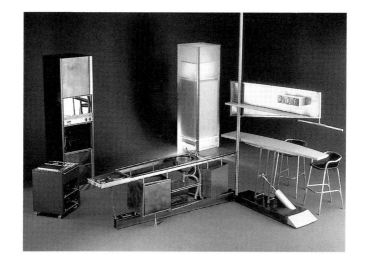

Stadt gerollt. Beweglichkeit taucht heute bei unseren Projekten verstärkt
auf. Wie zum Beispiel beim *Wettbewerbsprojekt für das Zentrum für
Kunst und Medientechnologie in Karlsruhe*, wo rote Teile die Mobilität
anzeigen. Die logische Konsequenz ist, daß sich ganze Räume bewegen,
so wie in einem Projekt für Japan, dem *Jasmac Bar- und Restaurantgebäude* in Fukuoka (1989; Abb. 1). Die Auftragserteilung dafür ist vielleicht erwähnenswert. Es ruft jemand aus Tokio an und fragt: »Wollen
Sie ein Restaurant bauen?« Ich denk' mir, ein Restaurant, mein Gott,
schon wieder, aber warum nicht! Wir treffen uns in Tokio; der Auftraggeber sitzt uns gegenüber mit einem Stoß von Coop-Himmelblau-
Publikationen und sagt, also, das Restaurant soll so ausschauen und so
und so, Durchdringungen haben und Flügel. Hier ist das Gebäude, in das
es hineinkommen soll. Ich sehe ein postmodernes Projekt und sage, das
geht nicht, und fange an zu reden und rede und rede, und er sagt, also
gut, was wollen Sie wirklich bauen? Und ich sage, o.k., wir wollen Häuser mit fliegenden Dächern, vereisten Stiegen, brennenden Wänden
bauen. Er schaut mich an und sagt, machen wir. Und ich denke mir, das
kennen wir schon, das haben wir schon tausendmal gehört. Nein, sagt
er, Moment, und nimmt aus seinem Sakko einen Filofaxkalender — ich
weiß nicht, ob Sie so einen Kalender kennen, das ist so ein gebundenes
Buch, sehr dick —, nur war kein Kalender darin, sondern unzählige
Stadtpläne von Sidney bis Toronto, und überall waren rot eingezeichnete
Flächen. Er blätterte durch und sagte, die roten Flächen gehören alle
mir, und hier sollen Sie es bauen — wollen Sie? Wir sagten natürlich
ja. Der Herr macht ›schnapp‹, es kommt ein Photograph, wir beide
machen ›smile‹, werden photographiert. Und das dürfte der Vertrag
gewesen sein.

Wir haben das Fukuoka-Projekt also entworfen; es war uns jedoch nicht möglich, nach Tokio zu fahren und es zu präsentieren. Also haben wir in Los Angeles einen Videofilm gedreht, und unser japanischer Projektarchitekt hat es auf Japanisch erklärt. Danach bekamen wir einen Brief zurück, in dem stand, das Projekt sei so phantastisch, dafür sei Fukuoka zu klein, das müsse in Sapporo stehen. Also gut, jetzt ist es in Sapporo, ein Bar- und Restaurantgebäude. Es hat sieben Bars, und der bewegliche Teil ist ein Glaskubus, der gemietet werden kann. Er fährt durch das Dach, so daß man einen Ausblick über die ganze Stadt hat. Jede dieser Bars soll anders sein, wir haben deswegen die Böden mit einer Glasplatte bedeckt, denn wir stellen uns vor, daß sie als Skulptur ausgebildet werden, um den Charakter der jeweiligen Bar zu unterstreichen.

Der Auftraggeber war sehr skeptisch, als er unseren Dachbodenausbau in Wien gesehen hatte. Die Japaner wollen Bar- und Restaurantgebäude immer ohne Fenster, also geschlossen. Unsere Antwort haben wir in Form von zwei Fassaden gegeben. Die Frontfassade besteht aus Aluminium und ist komplett geschlossen. Die Elemente, die sie wie Pfeile durchbohren, sind die Zeichen für dieses Bargebäude. Innen bilden sie die konstruktiven Elemente, die den ganzen Barkörper und die Einrichtungen tragen. Auf der linken Seite führt die plastisch gestaltete Fluchtstiege in einem diagonalen Zug nach oben. Und für die rechte Seitenfassade haben wir eine riesige Zeichnung vorgeschlagen. Nachdem das aber ein Kunstwerk ist, müssen wir das Bild mit einer Haut aus ›structural glazing‹ schützen.

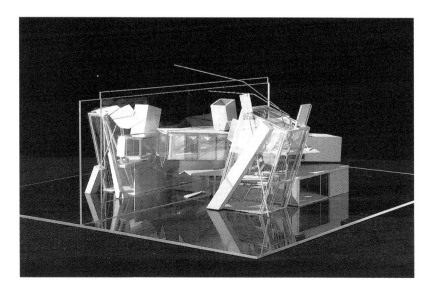

13. Bar- und Geschäftsgebäude, Melrose I, Los Angeles, 1990

Auch in dem Projekt für ein ›mixed-use‹ *Geschäftsgebäude in Los Angeles* (Abb. 13) gibt es bewegliche Teile. Es handelt sich um eine Kombination aus Restaurant, Bars, Buchhandlung und Boutiquen. Auf dem Eckgrundstück steht ein Glasturm. In ihm gibt es keine statischen Plattformen, statt dessen sind dort die Bars, die sich ununterbrochen bewegen. Diese bewegliche Architektur steht in direktem Gegensatz zu der Architektur von Los Angeles. In dieser Stadt werden im Prinzip nur Boxen gebaut. Das ist auch verständlich, denn der ökonomische Druck ist sehr groß. Diese Boxen stehen dann aber nicht länger als etwa fünf Jahre da. Wir versuchen also eine Antwort zu finden, wie man die Kisten mit unserer Methode der verdrehten Bauteile so zersplittern kann, um jenes Image zu bekommen, das für den Erfolg in dieser Stadt unbedingt notwendig ist.

Für die Stadt Groningen in Holland, die im Herbst 1990 eine Ausstellung über Videoclips veranstaltete, haben wir einen Pavillon gebaut, der inzwischen ›Folly‹ genannt wird. Viele unserer Freunde wurden eingeladen, einen Pavillon für diese Vorführung von Videoclips zu bauen. Wir konnten uns das Programm der Videoclips aussuchen. Unsere Wahl fiel auf Rock 'n' Roll und Sex. Deshalb schließt und öffnet sich dieser Zuschauerraum; er schließt sich dann, wenn Rock 'n' Roll gezeigt wird.

Lassen Sie mich zum Schluß noch einmal auf den Dekonstruktivismus kommen. Er ist nämlich unheimlich leicht zu erklären: Architektur muß brennen. Dieser Satz ist inzwischen sozusagen normal geworden, denken Sie zum Beispiel an die Zentralsparkasse von der Gruppe 4 oder an das Steyr-Gebäude von Günther Domenig in Wien — Architektur muß brennen. Dies ist unsere Erkärung für Dekonstruktivismus, welcher aber nicht mit Destruktion verwechselt werden soll. Flamme meint nicht nur Verbrennen, sondern Flamme ist für uns das Synonym für offene Architektur.

Begonnen hat alles 1968. Das war die Zeit, als die Architektur explodierte. Mitte der siebziger Jahre wurden dann angesichts der Postmoderne die Projekte immer zorniger und zynischer. Während andere, so um 1978, Häuser mit Säulen und Attiken und Tympana gezeichnet haben, haben wir Häuser erfunden, die aus rohem Beton gebaut werden sollten, durchstoßen von einem Pfeil, an dessen Ende sich ein Flammenflügel entzündet. 1980 haben wir mit dem Feuerzeug gezeichnet. Und Ende '80 hat es wirklich zu brennen begonnen.

Die *Aktion ›Flammenflügel‹* (Abb. 14) haben wir an der Technischen Universität Graz veranstaltet. Der Flammenflügel ist 15 Meter hoch und 5 Tonnen schwer. Er ist im Hof der Technischen Universität aufgehängt.

ARCHITEKTUR MUSS BRENNEN (1980)

*Wie beschissen die 70er Jahre waren,
kann man auch aus den verklemmten
Architekturprojekten lesen.*

*Die Umfrage und Gefälligkeitsdemokratie
lebt hinter Biedermeierfassaden.*

*Wir aber haben keine Lust, Biedermeier zu
bauen. Nicht jetzt und zu keiner anderen
Zeit. Wir haben es satt, Palladio und andere
historische Masken zu sehen. Weil wir in der
Architektur nicht alles das ausschließen
wollen, was unruhig macht.*

*Wir wollen Architektur, die mehr hat,
Architektur, die blutet, die erschöpft, die
dreht und meinetwegen bricht. Architektur,
die leuchtet, die sticht, die fetzt und unter
Dehnung reißt. Architektur muß schluchtig,
feurig, glatt, hart, eckig, brutal, rund, zärtlich,
farbig, obszön, geil, träumend, vernähend,
verfernend, naß, trocken und herzschlagend
sein. Lebend oder tot. Wenn sie kalt ist,
dann kalt wie ein Eisblock. Wenn sie heiß ist,
dann so heiß wie ein Flammenflügel.
Architektur muß brennen.*

Peter Eisenman

SCHWACHE FORM

Die Architektur ist traditionellerweise eine stark von der Form bestimmte Disziplin. Dies bedeutet in der Regel, daß man von einer eindeutigen Wechselbeziehung zwischen Bedeutung und Funktion, Struktur und Form ausgeht, und das wiederum heißt, es gibt eine direkte Beziehung zwischen Bedeutung und Form. Als stark von der Form bestimmte Disziplin ist die Architektur darüber hinaus eine äußerst problematische Disziplin, da sie eine nur schwach ausgeprägte Zeichensprache hat: Das bedeutet, sie verfügt über kein System expliziter Zeichen. Es ist schwierig, Glück, Trauer, Gut oder Böse oder irgendeinen anderen emotionalen oder philosophischen Begriff auszudrücken. Bei Kategorien, mit denen Sprache umgehen kann, kapituliert die Architektur. Bei der Sprache handelt es sich ebenfalls um ein stark von der Form bestimmtes System. So gibt es einen äußerst direkten Zusammenhang zwischen dem Wort ›Wolf‹ und einer Person mit diesem Namen. Aber im Umgang mit der Sprache ist uns auch bewußt, daß ›Wolf‹ nicht nur diese Person bezeichnet, sondern darüber hinaus viele andere Personen, und zahlreiche andere semantische Inhalte über die Bedeutung Tier hinaus besitzt. Zum Beispiel kann damit eine Person gemeint sein, die hinter Frauen her ist. So treffen und überschneiden sich ›Wölfe‹ gelegentlich. Wo keine eindeutige Übereinstimmung zwischen Arbeit und Zeichen existiert, gibt es überdies eine symbolische Konnotation. Literatur und Poesie sind bemüht, die transparente Beziehung zwischen Zeichen und Bezeichnetem zu verschleiern. Auf der anderen Seite geht es uns im Journalismus, bei der Lektüre einer Zeitung, um Klarheit. Der Zeitungtext wird im Hinblick auf Klarheit, also auf eine eindeutige Beziehung zwischen Zeichen und Bezeichnetem, verfaßt. Wenn wir Literatur wie Shakespeare lesen, geht es uns nicht um Klarheit, sondern um eine mögliche Mehrschichtigkeit der Sprache. Bei der Lektüre von Shakespeare nämlich kennen wir den Inhalt bereits, wir kennen die Geschichte Heinrichs V. oder von Romeo und Julia, wir haben sie schon zuvor in anderer Form kennengelernt. Wir sind beim Lesen also nicht um Verständnis bemüht. In der Literatur und in der Poesie ist Sprache ein eindeutiges Mittel, Viel-

1. *Wexner Center, Center for the Visual Arts, Ohio State University, Columbus, 1982–89*

deutiges darzustellen. In der Architektur jedoch fallen all diese Dinge immer zusammen. Mit anderen Worten, ihre Funktion, ihr Symbolgehalt und ihre ästhetische Form sind stets vereint, nie getrennt. Im herkömmlichen Verständnis von Sprache wurde zwischen ihnen jedoch stets unterschieden.

Was die Strukturalisten streng voneinander isolierten, Bedeutung und Bedeutungsträger, haben Post-Strukturalisten wieder zusammengefügt. In der Architektur verhält es sich genau umgekehrt: keine Unterscheidung zwischen Signifikat und Signifikant. Um daher Transparenz in dieser bestehenden Unklarheit zu finden, um die Möglichkeit einer Bedeutungsvielfalt zu erreichen, muß man erst Zeichen und Bedeutungsträger trennen. Man muß die einseitige Beziehung zwischen Struktur, Form, Bedeutung, Inhalt, Symbolik usw. zerlegen, um eine Vielzahl von Bedeutungen zu ermöglichen. Ich bezeichne dieses Trennen als Verdrängung, Verdichtung oder Verschiebung. Es liegt auf der Hand, daß Wien die Stadt ist, in der durch Sigmund Freud die Vorstellung von Verdrängung entstand; sie ist also nicht neu.

Die Frage ist, weshalb wir Architektur heute ›verdrängen‹ wollen. Weshalb ist es nötig, Funktion und Struktur von Symbolik, Bedeutung und Form zu trennen? Weil in der Vergangenheit Architektur immer Realität symbolisierte. Sprache stellte eine Form von Realität dar, Poesie eine andere, Musik wieder eine andere. Architektur aber war vielleicht der endgültige Zustand der Realität, da sie mit greifbaren Tatsachen befaßt ist, mit Steinen und Mörtel, Haus und Heim. Sie verkörperte den bestimmbaren Ort; die endgültige Form der Realität.

Unser Verständnis des Kosmos, in dem wir existieren, hat sich verändert. Im 14. Jahrhundert vollzog sich der Wechsel von einer theozentrischen Kosmologie hin zu einer anthropozentrischen Auffassung. Im 19. Jahrhundert ging man von dieser anthropozentrischen zu einer technozentrischen Auffassung über, zu einem mechanischen Verständnis der Welt — das heißt, zu einer wissenschaftlichen, mathematischen, mechanischen, rationalen Weltsicht. Sie bestand bis zum Ende des Zweiten Weltkriegs. Nach dem Zweiten Weltkrieg veränderte sich diese Kosmologie erneut und bewegte sich von einer mechanistischen, das heißt technozentrischen, zu einer informatorischen Weltsicht, zu einer von Elektronik bestimmten Welt, einer Welt der Medien.

Ich möchte einige Beispiele für diese geänderte Weltsicht anführen. Bei der Fernsehberichterstattung von Sport gibt es etwas, das man als ›instant replay‹, Zeitlupenwiederholung, bezeichnet. Das bedeutet, ein guter Spielzug wird wiederholt, ein Tor auf vier verschiedene Arten gezeigt. Meine Kinder sind als ›Zeitlupenjunkies‹ groß geworden. Deshalb haben sie die Fähigkeit eingebüßt, ein wirkliches Spiel zu verfolgen. Eigentlich sind sie weit mehr an den Werbespots interessiert. Vielleicht sind in einer medienbeherrschten Welt die Werbespots wirklich besser. Die Realität hat sich verändert bzw. die Zeitlupenwiederholung und die Werbespots wurden zur Realität. Die Eßgewohnheiten meiner Kinder veränderten sich ebenfalls. Einmal wollten sie unbedingt bei McDonald's essen, dann bei Wendy's. Im Grunde aßen sie Werbespots. Es war, mit anderen Worten, gleichgültig, ob das Fleisch gut oder schlecht war, sie mochten das Fleisch eigentlich sowieso nicht; es ging nur darum ›Werbespots zu essen‹. Wenn es bei einem Spiel keine Zeitlupenwiederholung gibt, wissen sie nicht, wie sie dieser Realität folgen sollen. Das wurde in den Vereinigten Staaten inzwischen korrigiert. Zuerst gab es in den Stadien riesige Fernsehschirme, auf denen man die Zeitlupenwiederholungen sehen konnte. Dann erkannte man, daß es im Stadion etwas besseres gibt; man konnte einen riesigen Bildschirm in der Größe einer Hauswand aufbauen und im Stadion das Spiel inklusive Zeitlupenwiederholungen ›im Fernsehen‹ sehen. Vorige Woche besuchte ich mit meiner Freundin in Chicago ein Baseballspiel, und sie fragte mich: »Peter, sei ehrlich, was wirst du anschauen, das Spiel oder die Fernsehaufzeichnung?« Es war wirklich interessant, ich dachte, ich würde dem Spiel zuschauen — wir hatten gute Plätze, waren nahe bei den Spielern etc. —, aber nach einer Weile bemerkte ich, daß es für meine Augen viel einfacher war, das Spiel auf der Leinwand zu verfolgen. Und jetzt gibt es sogar die Werbespots. Die Leute stehen während des laufenden Spiels auf und kommen zurück, um die Werbespots zu sehen. Hier hat sich eine phantastische Sache ereignet. Die Leute kommen mit Ferngläsern zum Spiel, um es direkt zu sehen, aber sie verfolgen die Fernsehaufzeichnung. Man fragt sich, was die Realität ist. Du gehst auf eine Rennbahn, und dort gibt es eine große Leinwand mit etwas, das sich ›Simulcast‹ (Simultanübertragung) nennt. Das bedeutet, du kannst Pferderennen überall im Land sehen, wenn du gerade nicht dem Rennen zusiehst, bei dem du dich befindest. Das Problem liegt darin, daß die riesige Leinwand die gegenüberliegende Gerade verdeckt. Wenn du also einem wirklichen Pferderennen zuschaust und unten an der Bahn stehst, laufen die Pferde vorüber, nehmen die zweite Kurve, gehen auf die Gegengerade und verschwinden hinter der Fernsehleinwand. Sobald sie verschwinden, erscheinen sie sofort auf dem Bildschirm, und du überlegst dir, was da hinten passiert. Du siehst etwas auf der Leinwand, und dann erscheinen sie wieder in der dritten Kurve. Und du fragst dich, ob sie in einem Schacht verschwunden und andere herausgekommen sind? Oder haben sie die Pferde gewechselt? Alles mögliche könnte passiert sein. Das Fernsehbild könnte vorher aufgezeichnet worden sein und nur so aussehen wie das Rennen. Wer weiß?

Wo wir gerade von Realität sprechen, ich war Montag abend bei einem Footballspiel, das landesweit im Fernsehen übertragen wurde. Es fand zufällig gleichzeitig mit dem letzten Spiel der Baseball World Series statt. Also hatte jeder Zuschauer einen tragbaren Fernseher dabei oder Kopfhörer auf; sie sahen aus wie eine Horde Marsmenschen. Und sie hörten etwas anderem zu. Einmal hatten die Spieler gerade ihre Plätze eingenommen und wollten anfangen zu spielen, als in dem anderen Stadion jemand einen Home Run vollbrachte und die Menge augenblicklich in Gebrüll ausbrach, wie es sich zu Anfang eines Spielzugs erhebt. Eines der Teams bewegte sich zu früh, und die Schiedsrichter zeigten ein Foul an, obwohl nichts passiert war; nur in einem 50 Meilen weit entfernten Stadion war etwas passiert. Du beginnst zu begreifen, daß die Medien auf äußerst interessante Weise in unsere Welt eingreifen.

Lassen Sie uns übers Essen sprechen. McDonald's ist allgegenwärtig. Ich weiß nicht, wie das mit Wien ist, aber es gibt McDonald's jetzt in Italien und so weiter, und jeder möchte bei McDonald's essen. Ich finde das interessant, denn ich würde McDonald's als ›starkes‹ Fast Food bezeichnen. Das heißt, es reduziert die Möglichkeiten der Küche auf etwas sehr Einfaches und Direktes. Was die meisten Leute kennen, sind Hamburger, Pommes Frites usw. McDonald's hat darauf sehr clever reagiert. Sie haben die Palette erweitert und haben angefangen, Tacos, chinesisches Essen und Pasta zu homogenisieren. Man kann jetzt alle möglichen Sachen dort bekommen, aber sie sind alle auf eine einfache Formel reduziert. Das hat zu etwas geführt, was man, glaube ich, auch hierzulande ›nouvelle cuisine‹ nennt. Sie stellt eine Reaktion auf das ›starke‹ Fast Food dar. Nouvelle cuisine heißt auch: man weiß nicht mehr, was man ißt. Man geht zum Beispiel in ein feines Restaurant in Mailand und sagt, man möchte Prosciutto Melone. Und sie sehen dich irgendwie komisch an ... Früher galt man als sehr weltläufig, wenn man Prosciutto Melone bestellte, und jetzt sagen sie zu dir, wenn du Prosciutto Melone willst, geh zu McDonald's. Also sage ich, wie wärs mit ›pasta alle carbonara‹? Ich dachte, es hilft, wenn ich ein bißchen Italienisch spreche, und außerdem hielt ich das für ein ziemlich exotisches Nudelgericht. Und sie sagten: »Das haben wir nicht mehr, schauen Sie lieber mal in die Speisekarte«. Früher konnte ich ein wenig Italienisch sprechen, so für den Hausgebrauch, aber diese Dinge kannte ich alle nicht. Ich guckte mir das an und fragte meine italienischen Freunde: »Was ist das für eine Art Pasta? Ich kenne das nicht.« Und das Essen wird serviert, und du weißt nicht, ob du Pasta ißt, oder Fleisch oder Hirn oder was auch immer. Es ist irgendwie eine eigenartige Mischung aus allem. Das nenne ich ›schwaches‹ Essen, weil du nicht mehr weißt, was du ißt. Das wollen alle. Sie wollen irgendwas, aber sie wissen nicht, was es ist.

SCHWACHE MUSIK/ZEIT + FORM

Mein Sohn arbeitet als Discjockey in sehr exotischen Nachtclubs in New York wie Mars, Morrisey usw. Was er dort macht, ist Platten ›reduzieren‹. Was bedeutet das? Man nimmt die Strukturen von Rock- oder Pop-Musik und entfernt ihre starken Anteile, das heißt Rhythmus, Harmonie, Melodie, Text, und heraus kommt im wesentlichen schwache Musik. Oder anders ausgedrückt, etwas ohne Baß, ohne Melodie, ohne Harmonie. Hunderte von Leuten bewegen sich nach dieser Musik, die er herstellt. Sie ist einem bestimmten Zeitpunkt zugehörig, das heißt, sie hat den Zustand der erzählenden Zeit, also etwas Wiederholbares, Statisches, verloren. Sie ist jetzt nicht mehr wiederholbar. Jetzt geht es um Musik als Performance, als Ereignis. Und wir erkennen, daß die Erzählzeit, ein sich von hier nach dort Bewegen im Sinne eines rationalen Diskurses, in der neuesten Musik, der die Leute zuhören, durch eine andere Struktur ersetzt wurde. Der Junge hat eine riesige Plattensammlung und muß jede Woche hundert neue dazukaufen, weil die Leute nächste Woche nicht mehr denselben reduzierten Kram hören wollen. Also muß er jede Woche neu mischen, weil nichts aufgezeichnet wird, alles ist alla prima. Man geht also in die Disco, um etwa Originelles mitzubekommen. Das ist allerdings eine andere Art von Original, als das, was Walter Benjamin mit der »Aura des Originalkunstwerks« meinte; jetzt handelt es sich um das Original mechanischer Reproduktion, ein Medienoriginal. Die Zeit der Realität ist nicht mehr die Zeit der Stagnation, die Zeit der Geschichte, die Zeit dieses Raums. Es geht um eine andere Zeit, die Zeit des Ereignisses.

So war beispielsweise in der Vergangenheit eine Pressekonferenz eine Gelegenheit, bei der jemand etwas Wichtiges mitzuteilen hatte. Die Leute kamen, um etwas Reales zu hören. Heutzutage wird eine Pressekonferenz für die Zehn-Uhr-Nachrichten arrangiert. Diese Nachrichten haben bestimmte, jeweils fünfzehn, zwanzig oder dreißig Sekunden lange Zeitabschnitte, die ›Tonhappen‹ (›sound bite‹) genannt werden. Also wird der Präsident, ehe er zu sprechen beginnt, von seinen Beratern präpariert, in einem bestimmten, fünfzehn Sekunden langen Zeitabschnitt etwas zu sagen, das die Fernsehleute in den Abendnachrichten bringen. Der Rest ist unwichtig, weil alle Leute hören, was im Fernsehen gesagt wird. Keiner liest mehr. Es gibt jetzt tatsächlich Zeitungen, die wie das Fernsehprogramm gestaltet sind.

Aus all dem läßt sich erkennen, daß die Realität von den Medien bestimmt wird. Die Leute können nicht einmal mehr einminütigen Werbespots zusehen; diese sind jetzt fünfzehn Sekunden lang, und man sieht vier verschiedene Spots in einer Minute. Die Verdichtung (Kondensation) — noch ein Freudscher Begriff — ist so stark, daß sie zu ihrer Entfaltung nur fünfzehn Sekunden braucht. Wenn man mit Informationen in Intervallen von fünfzehn Sekunden bombadiert wird, dann ist das echte Verdichtung.

Es gibt jetzt eine Reaktion auf diese Werbestrategie. Die Industrie hat beschlossen, daß sie, um die Leute zu erreichen, zu schwacher Form übergehen muß. Ich habe einen Freund, der Werbephotograph ist und früher für Coca-Cola, Seagram u.a. arbeitete, und natürlich war da die Hauptsache auf dem Photo die Coca-Cola-Flasche oder die Whiskyflasche oder was auch immer. Jetzt erscheint die Coca-Cola-Flasche verschwommen. Alles andere ist wunderbar deutlich, nur die Flasche ist unscharf. Dann gibt es einen Spot für Lade-Batterien. Ein rosa Kaninchen kommt heraus und schlägt auf eine Trommel. Aber dies Herauskommen ereignet sich in einem anderen Werbespot. Man sitzt und schaut also fast eine Minute lang etwas an, über die Turnschuhe von Adidas oder etwas Ähnliches.

Die Realität der Architektur muß überdacht werden, um sich in einer von den Medien beherrschten Welt zu behaupten. Das bedeutet, die bisher gültigen Bedingungen der Architektur zu verdrängen, also die Bedingungen, denen zufolge es sich bei der Architektur um etwas Vernünf-

2. Wexner Center, Center for the Visual Arts, Ohio State University, Columbus, 1982–89

tiges, Verständliches, klar Funktionierendes handelt. Diese Verdrängung bedeutet nicht, daß Architektur nicht funktionieren soll, sondern sie betrifft die Bedingungen der Architektur, wie sie Vitruv festlegte. Er sagte, ein Bauwerk müsse über »utilitas, firmitas, venustas« verfügen. Wörtlich übersetzt ist damit der Zustand der Nützlichkeit, Stabilität und Schönheit gemeint. Er sagt nicht, das Bauwerk müsse gut funktionieren, weil alle Bauwerke gut funktionieren, oder es solle gut konstruiert oder müsse gut nutzbar oder ästhetisch ansprechend sein. Was er meint, ist, es solle ›aussehen, als ob‹ es gut funktioniere, gut gebaut sei etc. Dadurch verschmolz er für alle Zeiten wirkliche und symbolische Funktion zu dem, was ich als ›starke Formbeziehung‹ bezeichne. Wenn also Le Corbusier sagt, ein Haus sei eine Wohnmaschine, meint er nicht, es solle wirklich wie eine Maschine sein, denn eigentlich baute er Bürgerhäuser mit Funktionen des neunzehnten Jahrhunderts. Er meint, das Haus sollte wie eine Maschine aussehen. Und so bauten sie gewöhnliche Häuser mit all den gewöhnlichen Funktionen, die wie Maschinen aussahen oder besser gesagt, wie eine Maschine gebaut waren.

Ich dagegen nehme die Maxime Vitruvs von »utilitas, firmitas, venustas« und sage, ja, ein Gebäude muß funktionieren, aber es muß nicht danach aussehen. Und wenn es nicht aussieht, als ob es aufrecht steht oder funktioniert, dann steht und funktioniert es eben anders. Als ich für das *Wexner Center* in Columbus, Ohio, ein Museum baute (Abb. 1–4), sagte ich: »Wir wollen hier Kunst ausstellen, aber müssen wir das unbedingt so tun, wie es herkömmlicherweise getan wird, vor neutralem Hintergrund? Denn die Kunst«, sagte ich, »war dem Leben gegenüber immer kritisch eingestellt, daher hat sie ihre Stärke. Sie ist

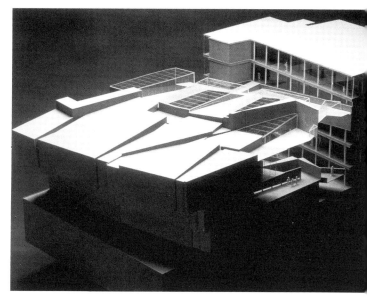

4. *Wexner Center,
Center for the
Visual Arts, Ohio
State University,
Columbus, 1982–89*

5. *Cincinnati
University,
Neugestaltung und
Erweiterung,
Cincinnati, Ohio,
1988, Modell*

Poesie. Muß deshalb die Architektur der Kunst dienen? Mit anderen Worten, soll die Architektur Hintergrund für die Kunst sein?« Ich antwortete darauf: »Auf keinen Fall.« Ich sagte, »Architektur sollte die Kunst herausfordern und ebenso die Vorstellung, daß sie als Hintergrund zu dienen habe«. In meinen Augen wird der Beweis hierfür gerade in Cincinnati angetreten — ich bin dort gerade dabei, ein, wie ich denke, wichtiges Gebäude zu errichten (Abb. 5) —, wo man im Begriff ist, den Museumsdirektor unter der Anklage der Pornographie, und sie werden ihn als Pornographen überführen, vor Gericht zu stellen. Er hatte vor kurzem eine Ausstellung mit Photographien von Robert Mapplethorpe gezeigt. Ich wünsche mir seit langem sehnlichst, daß mich jemand als pornographischen Architekten vor Gericht und vielleicht sogar ins Gefängnis bringt. Aber niemand kümmert sich darum. Weil wir uns anpassen, weil wir gewähren lassen; wir kritisieren niemals die Gesellschaft, die Kunst oder das Leben, wir passen uns dem Leben und der Kunst an, wir geben klein bei. Man hat noch nie von einem Architekten gehört, der bedroht worden wäre, weil sein oder ihr Werk politisch aktiv war, das heißt, jemanden bedroht hätte. Die meisten Leute interessiert das nicht. Aber Dichter und Künstler werden hinter Gitter gebracht. William Butler Yeats zum Beispiel stiftete die irische Revolution an. Und Corbusier? Niemand kümmerte sich um ihn, sie benutzten ihn nur. Er ging sogar zu Mussolini und bat ihn um Aufträge. Er hätte sich mit jedem eingelassen, nur um bauen zu können.

Was ich sagen will, ist, daß wir dieses Verständnis von Architektur als dienender Profession, als etwas, das von Leuten bewohnt wird, verdrängen müssen. Allein die Vorstellung von ›Bewohnen‹ beinhaltet ein ›Sich-daran-Gewöhnen‹. Die Leute erwarten von einem Architekten das Gewohnte, oder anders gesagt, Architektur wird solange akzeptiert, wie sie die Gewohnheiten der Leute befriedigt. Sobald man aber die Gewohnheit in Frage stellt, in der Weise wie Museumskuratoren Kunstwerke ausstellen oder Kunstkritiker über Werke in einem Museum schreiben, stört man das Gleichgewicht und verursacht einen Aufruhr. Die Kunstkritiker verabscheuen meinen Bau, die Kuratoren auch. Warum? Weil er sie zwingt, erneut über das Verhältnis von Gemälde und Raum nachzudenken. Weil sie keine Staffeleibilder an die Wände hängen können. Die Künstler dagegen sprechen von der Schaffung eines neuen Umfelds für die Kunst, und das erscheint mir interessant. Wie Sie wissen, malte Michelangelo für einen bestimmten Kontext, nicht für das Museum. Man hat Michelangelo, Giulio Romano und die Caracci nicht von den Wänden gekratzt und ins Museum gehängt, sie haben an Ort und Stelle gemalt. Kunst war *in situ*. Heute sagen die Künstler, sie möchten, daß Kunst wieder am Ort stattfindet, das heißt, sie wollen die Gemälde von der Staffelei und die Skulpturen vom Sockel nehmen und sie ortsspezifisch machen. Das gilt aber nicht für Kunstgalerien und Museen. Dort möchten selbst die radikalsten Künstler, daß die Architektur klein beigibt und als Sockel oder Staffelei fungiert. Und die Architekten sind nur allzu willig, sie für Künstler bereitzustellen. Wir müssen über dieses Verständnis von Architektur erneut nachdenken.

Was ist also zu tun? Die Beziehung zwischen Studenten und Lehrern an den Universitäten ist verdorben und funktioniert nach dem Prinzip: ›Wenn du mich in Ruhe läßt, laß ich dich auch in Ruhe‹. Am ersten Tag kommt der Lehrer in die Entwurfsklasse und sagt: »Wir werden eine Bibliothek entwerfen.« Kein Student fragt »Warum?«; niemals warum, warum eine Bibliothek? Weshalb nicht eine Schule oder ein Gefängnis oder einen Zoo? Es werden also keine Fragen gestellt; bestenfalls kommt ein leichtes Gemurmel auf. Sie werden keine Bibliotheksspezialisten werden. Studenten fragen übrigens auch nie, weshalb sie Konstruktionslehre belegen, oder weshalb sie sich im Rahmen des Architekturstudiums mit Maschinenbau beschäftigen müssen. Ich habe niemals eine Konstruktionszeichnung angefertigt. Ich brauche darüber nichts zu wissen. Wie Sie vermutlich an meinen Bauten sehen können, bin ich beim Konstruktionszeichnen durchgefallen, aber das ist gleichgültig, weil ich in den Vereinigten Staaten ohnehin keine Konstruktion entwerfen darf, andernfalls würde ich verklagt werden. Ich muß einen Bautechniker und einen Maschinenbauingenieur einstellen. Unmöglich. Warum also Zeit verschwenden? Besser, Latein zu lernen. Leon Krier wäre ein viel besserer Architekt, wenn er Latein gelernt hätte anstatt …

Dann sagt der Lehrer: »Wir werden jetzt recherchieren. Geht und informiert euch über Bibliotheken.« Als ob es nötig wäre, über Bibliotheken zu forschen, um eine Bibliothek zu bauen. Allenfalls haben wir uns bereits dafür entschieden, daß die Geschichte des Bibliotheksbaus unsere heutige Arbeit beeinflussen wird. Das heißt, um etwas über Bibliotheken zu erfahren, genügt es nicht, die Architekturgeschichte des Bibliotheksbaus zu untersuchen, sondern man muß auch wissen, wie Bücher hergestellt werden, wie sie ausgeliehen, bearbeitet und gelagert werden. Weshalb muß man diese Dinge wissen? Es gibt Berater, die einem diese Informationen liefern. Ich weiß nicht, wie eine Bibliothek funktioniert. Wenn ich eine Bibliothek entwerfen sollte, würde ich jemanden einstellen, der sich damit auskennt — wie ich das auch beim Kongreßzentrum gemacht habe. Wer weiß schon, was in einem Kongreßzentrum passiert? Wir haben gerade eins gebaut, und ein Berater hat mir vorher alles darüber erzählt. Ich stellte fest, daß seine Informationen die Architektur kaum beeinflußten und ich weitgehend machen konnte, was ich wollte. Und sie gaben mir grünes Licht. Im Grunde genommen ist also das Studium der Ausschreibungsbedingungen überflüssig. Wir nehmen jetzt einmal an, daß der Student das fertige Projekt vorlegt und der Lehrer als erstes fragt: »Warum hast du das so gemacht?« Und der Student fängt an zu erklären, warum er das so gemacht hat: »Ich brauchte einen deutlichen Eingang. Ich brauchte ein eindeutiges Wegesystem. Ich mußte zeigen, welche symbolische Bedeutung das Gebäude in der Straße hat . . . Ich mußte reagieren, ich mußte reagieren, ich mußte reagieren.« Genauso läuft es. Wenn der Student alle Reaktionen klar und vernünftig hinkriegt, wird der Lehrer sagen: »Das ist gut«, selbst wenn es schrecklich aussieht. Solange alle Antworten ins Schema passen, ist alles in Ordnung. Falls man als Student auf den Gedanken käme, dem Lehrer auf die Frage, »Warum hast du das gemacht?«, mit »Ich weiß nicht« oder »Es ist egal, warum ich das gemacht habe« zu antworten, oder auf die Frage, »Was soll das bedeuten?«, mit »Ich habe keine Ahnung. Lassen Sie sich was einfallen« zu reagieren, hätte das, gleichgültig in welcher Schule, einen Rausschmiß zur Folge.

Die Architektur hat ein schwerwiegendes Problem. Sämtliche wissenschaftlichen Fortschritte wurden dadurch erreicht, daß irgendjemand nicht glaubte, was der Lehrer ihm erzählte. So wurde der Nicht-Verlust von Materie bezweifelt, ebenso wie der Begriff der Erzählzeit. Auch die philosophischen Termini der Teleologie oder Ontologie, ja sogar der Typologie wurden in Frage gestellt. Der einzige Weg, in einer Disziplin vorwärts zu kommen, besteht in der Verdrängung des vorhandenen Wissens. Die einzig noch funktionierenden Diskurse sind die, in denen Verdrängungen stattfinden. Diejenigen, die sich an Theorie, Tradition und

Rationalität festklammern, gehen unter. Die Architektur ist unter Umständen bereits tot, ich weiß es nicht. Ich glaube nicht, daß es irgendjemanden interessiert. Solange nämlich die Leute Geld verdienen, indem sie das bauen, was sich verkaufen läßt, ist es ihnen egal, weil sie sowieso publiziert werden, denn die Public-Relations-Leute werden schon dafür sorgen, daß sie in die Presse kommen; schließlich brauchen Journalisten etwas, worüber sie schreiben können. Die Medien sind letztendlich für die Kraftlosigkeit verantwortlich, weil wir alle danach streben, in den Medien präsent zu sein; zu allen Zeiten haben die Medien Kreativität zum Erliegen gebracht.

Diese Leute sind sehr davon abhängig, in den Medien zu erscheinen, und die Presseleute fragen ständig nach Neuem. Die Architekten bekommen neue Aufträge, nur um real zu bleiben. Sie gehen davon aus, daß das ›Bild‹ in den Medien ihre Realität ist; wenn sie die einbüßen, ist es so, als verlören sie ihren Schatten. Sie sind so verzweifelt, wir sind so verzweifelt, daß wir nicht mehr arbeiten können. Meist ist es so, daß die Gesellschaft keine Befriedigung aus dem tatsächlichen Ergebnis unserer Arbeit bezieht, sie ist nur am medienwirksam aufbereiteten Ergebnis interessiert.

Der ›schwachen Form‹, wie ich sie bezeichne, liegen vier Vorstellungen zugrunde. Erstens, daß es keine einfache Wahrheit gibt; zweitens, daß es keine endgültige Entscheidung gibt, daß die Dinge also unentschieden, oder, anders gesagt, arbiträr sein müssen; weiter, daß die Dinge nicht mehr wesentlich sind, die Architektur hat keine Substanz, nichts hat mehr Substanz. Es gibt alles im Übermaß, und das heißt, daß schwache Form nichts anderes als dieses Übermaß, dieser Exzeß ist. Denken Sie an David Lynchs Filme; sie sind auch exzessiv. Alles am zeitgenössischen Diskurs dreht sich um den Zustand des Exzesses, das heißt, es beruht nichts auf Substanz. Schwache Form ist arbiträr, unentschieden, exzessiv und verfügt über keine ontologischen oder teleologischen Wertvorstellungen, das heißt, keine tragfähige Beziehung zu Erzählraum oder -zeit.

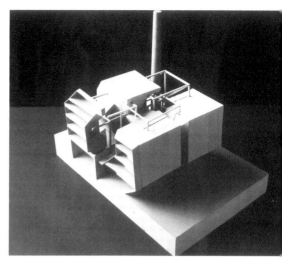

7. *Carnegie Mellon University, Research Center,*
Pittsburgh, Pennsylvania, 1988, Modell

6. *Casa Guardiola, Einfamilienhaus,*
Puerto de Santa Maria, Cadiz,
Spanien, 1987, Modell

8. *Pittsburgh Technology Center, 1988, Modell*

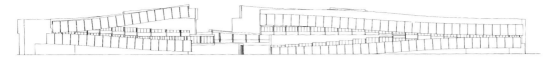

9. Hotel En Banyoles, Hotel Design Wettbewerb, Gerona, Spanien, 1988, Ansicht Nordseite

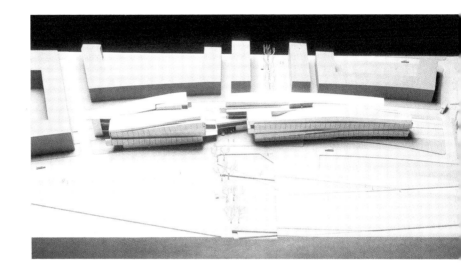

10. Hotel En Banyoles, Hotel Design Wett- bewerb, Gerona, Spanien, 1988, Modell

11. Koizumi Sangyo Building, Bürogebäude, Tokio, Japan, 1988, Modell

12. Columbus Convention Center, Columbus, Ohio, 1988, Modell

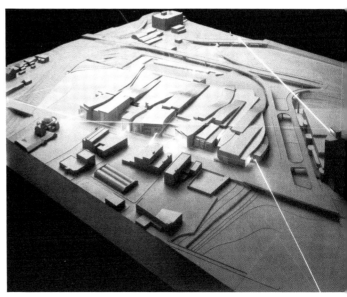

Zaha Hadid

ÜBER NEUERE PROJEKTE

Als ich 1983 den Wettbewerb um das Projekt ›The Peak‹ in Hongkong
gewann, glaubten viele, ich sei eben erst aus der irakischen Wüste geholt
worden — wie man in Europa zu denken pflegt —, und man habe mich
eigens deswegen nach London verpflanzt, um ein Projekt für Hongkong
zu gestalten. Ganz im Gegenteil: Ich lebte bereits seit einiger Zeit in
London, wo ich an der Architectural Association arbeitete und unterrich-
tete. Die Arbeit, die ich vor dem Peak gemacht hatte, war meines Erachtens sogar äußerst wichtig und konstruktiv im Hinblick auf dieses
Projekt. Die Diskussionen um eine Ausstellung, die vor wenigen Jahren
im New Yorker Museum of Modern Art gezeigt wurde, haben diesen
Eindruck noch verstärkt [Deconstructivist Architecture, New York 1988].
Auslösendes Moment für diese Diskussionen war die Wißbegier des
Publikums sowie die Tatsache, daß der Organisator der Schau Philip
Johnson war. Man hatte sich eifrig bemüht, eine Verbindung zwischen
der Idee des Konstruktivismus und der philosophischen Frage der De-
konstruktion herzustellen.

Die Entwicklung innerhalb meiner Arbeit, die sich während meines
vierten Jahres an der AA zu vollziehen begann, ist auf die eingehende
Beschäftigung mit bestimmten Problemstellungen der Moderne zurück-
zuführen — allen voran mit dem Suprematismus und dem Gedanken,
daß dieser nie zuvor in der Architektur erprobt worden war, sondern nur
als eine Bewegung innerhalb der bildenden Kunst galt. An Hand einer
Aufgabe, die uns unsere Dozenten Elia Zenghelis und Rem Koolhaas
stellten, machten wir uns an die Durchführung einer Reihe von Untersuchungen, die schließlich zu dem führten, was wir heute machen.

Dieses ›Wir‹ ist kein Pluralis majestatis. Ich gebrauchte es zum Beispiel in Deutschland, und alle glaubten, ich sei eine Prinzessin. Ich bin
keineswegs eine Prinzessin. Wir sind eine Gruppe von Leuten in London, und es handelt sich um die Arbeit einiger ehemaliger Studenten,
die heute mit mir zusammenarbeiten. Ich bin es nicht allein, die in der
Abgeschiedenheit einer Zelle die Arbeit macht.

Die Projektaufgabe, die man uns stellte, war die Erkundung der Tektonik bei Malewitsch. Der Gedanke war der, daß diese Form, wenn man

1. Kurfürstendamm Berlin, 1987, Bürogebäude, Ansicht Brandmauer

sie in die dritte Dimension übersetzte, ihr einen bestimmten Maßstab, Kontext und Standort zuwies und sie dann mit einem konkreten Nutzungsplan versähe, eine Architektur ergeben könnte. Die ersten Entwürfe im Sinne der Malewitschschen Tektonik wurden auf eine Londoner Brücke übertragen und horizontal mittels einer Reihe stockwerkähnlicher Platten hineinprojiziert. Auf diese Weise begann die ganze Idee des Suprematismus in der Architektur Gestalt anzunehmen: Wie etwa dessen hohes Maß an Dynamik in der Architektur umgesetzt werden könne, wie sich der Entwurf in neuartiger Weise entwickeln lasse und überhaupt der Begriff der Fragmentierung, der im Grunde bedeutete, daß die Vorschriften, die man Architekten und Architekturstudenten machte, keine Gültigkeit mehr besaßen.

Natürlich ist man geneigt, den Nutzen einer Wiederentdeckung des Suprematismus Mitte der siebziger Jahre in Frage zu stellen. Uns lag damals sehr viel daran, neue Programme zu schaffen und das allgemeine Programm der Architektur umzuschreiben. Wir erkannten, daß der Geist des frühen 20. Jahrhunderts ein Geist des Optimismus war. So wie wir uns in den siebziger Jahren mit der Vorstellung vom Ende des Fortschritts in der Architektur konfrontiert sahen, kamen wir ganz allgemein zu der Ansicht, daß es nur ein Weiterkommen gäbe, wenn wir uns an der Vergangenheit orientierten. Wir hielten es für notwendig, die Kultur der Moderne des 20. Jahrhunderts sehr gründlich zu erforschen — zum Beispiel die ganz frühen Projekte von Leonidow.

Der Wandel der politischen Verhältnisse in Rußland brachte auch eine Veränderung der Lebensumstände mit sich, die ein neues Programm, neue Arbeitsgewohnheiten, ungewohnte Freizeiteinrichtungen erforderlich machten sowie eine Überschneidung all dieser Dinge in einem modernen urbanen Kontext. Ich glaube, uns fasziniert vor allem, was die Europäer, und nicht, was die Russen hervorgebracht haben; es gab damals aber eine Kultur der Moderne, die die gesamte westliche Hemisphäre dicht überzog. Nehmen wir beispielsweise das von Leonidow entworfene Ministerium für Schwerindustrie am Roten Platz: Dort war es trotz des hohen historischen Ranges des Standorts möglich, etwas ausgesprochen Modernes einzufügen. Diese Idee des unmittelbaren Nebeneinander von alt und neu wurde für uns sehr interessant. Man konnte darin fast schon so etwas wie kontextuelle Architektur sehen. Der Punkt aber war, daß man das Neue dem Alten in einer Weise hinzufügte, daß beide symbiotisch nebeneinander existieren konnten.

Ein anderes Beispiel ist das RCA Building des Rockefeller Center in New York, das eine der eingreifendsten städtebaulichen Entwicklungen darstellt. Eine Sache, die mir an diesem Gebäude immer besonders gefiel, war dessen Name — RCA — und die Gestaltung der Schrift-

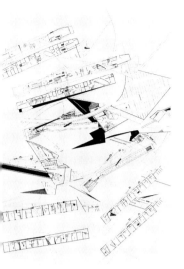

2. Hong Kong Peak, 1982–83, Grundrisse

3. Hong Kong Peak, 1982–83

zeichen, die sehr gut zur Architektur paßte. Jetzt wurde es den Japanern verkauft, und es heißt GE. Zu meinem Bedauern ist es jetzt über und über mit den Buchstaben GE bedeckt.

Die Vorstellung, die sowohl den Russen wie auch den Amerikanern vorschwebte, betraf eine neue synthetische Qualität in den urbanen Lebensräumen. Die Radio City Music Hall sollte an den Sonnenaufgang und -untergang erinnern und durch die Verwendung unterschiedlicher sinnlicher Reize frühlingshafte, sommerliche oder winterliche Gefühle wecken. Es ging also um die Schaffung einer neuen Lebenssituation in einer klar umrissenen Umgebung.

In New York mündete diese Vorstellung in die Errichtung sorgfältig geplanter Lobbys oder Wandelhallen, die sich als Erweiterung des öffentlichen Raums der Stadt darstellten. Sie sind keine privaten, sondern öffentliche Räume — man kann zu Fuß von einer Lobby zur nächsten die ganze Innenstadt durchqueren.

Mit ganz ähnlichen Sachverhalten sahen wir uns konfrontiert, als wir das Projekt *Hong Kong Peak* gestalteten. Ich kann nicht den gesamten Zusammenhang darlegen, denn das würde sehr viel Zeit in Anspruch nehmen. Der ›Peak‹ ist der Dreh- und Angelpunkt in meiner Laufbahn — es ist für mich ein äußerst wichtiges Projekt. Es hat mit der Idee des Ablagerns und des geologischen Fundes im Sinne eines Programms zu tun — einer Ablagerung all dessen, was man einmal gelernt und sich vorgenommen hatte. Hongkong bildete einen sehr interessanten Kontext. Es liegt abgetrennt von der Küste vor dem Festland — Kowloon. Die erste Schicht ist künstlich gewonnenes Land, die zweite Schicht auf einem Hang ist äußerst dicht besiedelt, und der Peak selbst ist (wie schon sein Name, der Gipfel, sagt) der höchste Punkt des Berges.

Ich war ein Jahr zuvor schon einmal in Hongkong gewesen. Damals hatte ich gleich das Gefühl, daß ein Eingriff in diese Situation nicht vertikal erfolgen dürfe, sondern nur horizontal. Er sollte auch die gewisse Schärfe eines Schnittes haben — wie eine Klinge, die den Berg durchschneidet. Kehrt man der Stadt den Rücken zu und steigt den Berg hinauf, so läßt die dichte Besiedlung nach, und die Wolkenkratzer der Stadt sind zunehmend weiträumig über die sogenannten ›Mittleren Höhen‹ verteilt. Der Gipfel ist schon beinahe abgeschieden — und genau da kommt das Projekt ins Spiel. Da dieses Objekt Hongkong sozusagen aufgepfropft wird, verletzt und verändert es zwangsläufig die Stadt.

Wir entschieden uns, die kurze Umschreibung der Wettbewerbsbedingungen neu zu fassen. In gewisser Weise haben wir die Vorschriften verletzt, aber im Grunde haben wir sie nur umgedreht. Dies gab uns die Möglichkeit, das gesamte Projekt auf einem Areal unterzubringen.

Wir schickten die Balken — sie sind eine Abstraktion der Wolkenkratzer der Stadt — gewissermaßen auf Wanderschaft, ließen sie über die Berge Hongkongs fliegen. Bei ihrer Überquerung stießen sie irgendwann mit dem Felsen und dem Land zusammen. An dem Punkt, wo sie einschlugen, wurde das, was an Felsen vom Berg abgetragen wurde, durch eine neue Architektur ersetzt. Tatsächlich hat dieses Projekt daher einen stark geologischen Charakter, denn das, was man entfernt, ersetzt man durch neue Architektur (Abb. 2, 3).

Jeder der vier Balken hat ein ganz eigenes Nutzungsprogramm. Die Klubeinrichtungen in der Mitte sollten unserer Ansicht nach nicht eine abgeschlossene Situation ergeben, sondern einen öffentlichen Raum, der Teil der Stadt Hongkong ist. Dieser Teil ist zwischen den beiden oberen Balken einerseits und den beiden unteren andererseits eingespannt. Der zentrale Teil des Peak ist also dieser Leerraum, der über der Stadt selbst hängt. Dieser Teil ist gedacht als ein städtischer Erholungsort, der mit der äußerst dicht besiedelten Großstadt unmittelbar zu tun hat, zugleich aber auch aus deren Zusammenhang herausgenommen ist.

Die balkenförmigen Baukörper, die in den Felsen eingefügt sind, enthalten — befristet vermietete — Atelierwohnungen, der zweite von ihnen beherbergt auf zwei Stockwerken ein Hotel, und in den beiden oberen sind Privatwohnungen untergebracht. Die Situation wird privater, je weiter man nach oben gelangt. Der zentrale Sektor — der öffentliche Bereich — besteht aus dem Klub und seinen Freizeiteinrichtungen. Auf der Dachfläche, die im Freien liegt, befinden sich ein Übungsbecken und weitere Sportanlagen. Eine Rampe verbindet den Peak mit der vorhandenen Straße, denn auf dem gesamten Gelände wurde der Felsen abgetragen und von einem dritten Balken mit Patiowohnungen überlagert.

Die kollidierenden Balken gleichen annähernd den Lebensbedingungen in einer Großstadt. Die verschiedenen Nutzungsprogramme sind sich sehr ähnlich, und es gibt keine Trennung zwischen den einzelnen Elementen.

Die Idee ist, das Gelände nicht festungsartig zu gestalten; wenn man von der Straße abbiegend die Rampe hinauffährt, gelangt man auf das Gelände, das keine Befestigung hat. In diesem Sinne gibt es keine Abgeschiedenheit innerhalb des zentralen Bereichs des Peak.

Der Peak ist die meiste Zeit in Nebel gehüllt, so daß man nichts sehen kann, was jenseits des Geländes liegt. Die Elemente der Anlage werden zur eigentlichen Landschaft. Gleich beim Eingang ist das Gelände aus dem Felsen herausgeschnitten — bis zu sieben Meter Felsen sind abgetragen worden. Die Stelle, wo man ankommt, ist der Dreh- und Angelpunkt, an dem auch die sekundären Trägerstrukturen verankert sind. Man kann über die Rampe zur Bibliothek hinauf- oder auch in den Klubraum hineingehen. In der Bibliothek sieht man die glatten Bodenflächen vor dem Hintergrund der zerklüfteten Felslandschaft, und man kann auch die fahrenden Autos im Kontrast zur Bewegung der Schwimmer im Becken sehen. Auf der Terrasse sieht man, wie sich die Erde kaskadenartig auf die glatten Flächen hin formiert. Das Schwimmbecken und die Paraboloide — die einzigen Elemente des Projektes, die etwas Fließendes an sich haben — geraten infolgedessen in Bewegung.

Ich möchte jetzt jeweils abwechselnd über Deutschland und Japan sprechen, denn unsere Arbeit konzentriert sich auf diese beiden Länder, und außerdem sind sie interessant.

Vor zwei Jahren wurden wir eingeladen, ein Projekt für Berlin 2000 zu gestalten. Ich hatte allerdings das Gefühl, keine einzige weitere Zeichnung oder kein weiteres Projekt zu Berlin mehr machen zu können. Die einzige Idee, die mir überhaupt noch zu Berlin im Jahre 2000 einfiel, war die, von einer zukünftigen Einheit der Stadt auszugehen. Die Situation, die Gegenstand der Diskussion sein sollte, war nicht die der Mauer selbst (jedermann schlug Projekte vor, die über die Mauer hinweg oder unter ihr hindurch reichten), sondern es wurde impliziert, daß die Mauer verschwunden sei und man neue Wege finden müsse, die Teile der Stadt miteinander zu verbinden.

Vor dreieinhalb Jahren bat man mich, zwei Projekte praktisch zur gleichen Zeit zu machen. Eines war ein *Wohnhaus für die Internationale Bauausstellung* und das andere ein Wettbewerb. Die Gegend, auf die sich alle Wohnungsbauprojekte der IBA konzentrierten, lag in unmittelbarer Nähe der Mauer. Ich ging mit diesem Gefühl einer ungeheuren Begeisterung nach Berlin: Berlin, dachte ich mir, ist die Stadt Mies van der

Rohes und Hilberseimers. Statt dessen wurde ich mit einem hohen Maß an Biederkeit konfrontiert und unentwegt daran erinnert, daß dies genau das war, was die Menschen wollten. Also stand ich vor einem großen Dilemma, wie ich mit dieser Situation umgehen sollte.

Nach unzähligen Zusammenkünften sagte man uns endlich, welcher Standort uns zugewiesen sei. Man war sehr zuvorkommend zu mir und wies mir ein dreieckiges Grundstück zu, weil man glaubte, ich hätte eine Vorliebe für Dreiecke. Man sagte uns, das Umfeld sei sehr homogen beschaffen, und deshalb dürfe das Gebäude nur drei Stockwerke hoch sein. Als ich mir den Standort ansah, war daran nichts Homogenes zu erkennen. Man sagte uns, wir sollten das Hotel nicht beachten und so tun, als wäre es gar nicht da, denn es sei häßlich. Die Richtschnur für die Höhe des Objektes war also die Kirche. Weil ich dauernd eine unzufriedene Miene machte und die Stirn runzelte, billigte man mir zu, daß mein Gebäude fünf Stockwerke haben dürfte. Also fragte ich, gilt das als Mittelwert? Ich spreche kein Deutsch, was manchmal ganz gut ist. Ich spreche weder Japanisch noch Deutsch, also kann ich so tun, als verstünde ich nichts von dem, was sie sagen. Sie sagen immer: Wir haben nicht verstanden, was Sie uns fragten, deswegen ist der Vertrag nicht in Ordnung usw. Also spielte ich ihr Spiel mit. Ich fragte, gelten die fünf Stockwerke als Mittelwert? Und sie sagten ja. Nach langem Herumprobieren legten wir uns auf zwei Gebäude fest. Eines ist ein Eckgebäude — denn von einem Hochhaus spricht man nicht gerne —, und das andere ist ein längliches Gebäude (Abb. 4, 5). Das eine hat acht Stockwerke, das andere drei, was einen Mittelwert von fünfeinhalb ergibt. Also mußte ich um ein halbes Stockwerk feilschen. Auch das war verrückt, aber ich sagte,

4. Internationale Bauausstellung Berlin, 1986 — 87, Wohnhaus, Perspektive

5. Internationale Bauausstellung Berlin, 1986 — 87, Wohnhaus

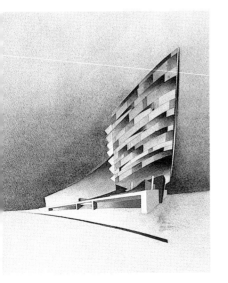

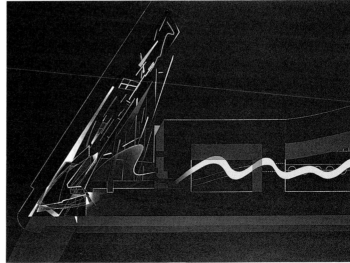

Sie haben mir schwarz auf weiß einen Mittelwert von fünf zugesagt. Damit war, was mich anging, die Sache erledigt.

Das Hochhaus wächst immer noch; man erwartet im Westteil der Stadt eine hohe Zahl von Übersiedlern aus Ost-Berlin, und deswegen wünscht man sich das Gebäude viel höher.

Der Standort war ursprünglich speziell für Architektinnen vorgesehen. Für mich war das wie eine Leprakolonie, und ich fand es lächerlich. Also sagten sie, gut, wir werden noch einige russische Architekten einladen. Die Russen reagierten zu dieser Zeit nie auf Einladungen, also gab es zum Schluß nur mich und zwei andere Frauen, eine Israelin und eine Berlinerin, sowie drei polnische Architekten: eine äußerst glückliche Ehe zwischen den Polen und den Frauen.

Sämtliche Standorte haben als Randbebauung einen dreistöckigen Häuserblock. Unserer hat an der Ecke dieses gewisse Objekt, das angeblich eine neue Art von Wohnungen speziell für jüngere Leute beherbergt; sie sind ähnlich wie Lofts und haben kaum Trennwände.

Unser nächstes Projekt führte uns zu einem deutlich weniger klinischen Umfeld. Es handelt sich um ein *Bürogebäude am Kurfürstendamm*, ein besonders kleines: 2,7 Meter breit und 15 Meter lang (Abb. 1, 6). Wir sahen einen freitragenden Vorsprung vor, der bis über die Straße reicht, so daß das Ganze ein wenig großzügiger wurde. Es war interessant zu sehen, wie man mit derart einengenden Standortbedingungen fertig werden kann, die auch noch vorgaben, daß sämtliche Versorgungseinrichtungen — die Treppen- und Aufzugsanlagen wie die Maschinenanlagen und die bautechnischen Systeme — unbedingt innerhalb der Grundfläche untergebracht werden mußten. Der einzige Weg, diese Situation und die Grundfläche aufzubrechen, war, von einem den ganzen Raum beanspruchenden Korridor im Erdgeschoß abzusehen; das Erdgeschoß besaß eine andere Qualität, es führte mehr zur Straße hin.

Das Gebäude war auf ein hohes Maß an Helligkeit angewiesen; der Treppenaufgang war daher von entscheidender Bedeutung. Er sollte auch zu einer Erweiterung der Straßenecke und der Straße selbst werden.

Eine Sache war sehr heikel: Wir mußten die Treppe vom Erdgeschoß so in den ersten Stock verlegen, daß die Treppenhäuser sich nie ganz entsprachen. Allein durch die Verlagerung der Wände erhielten wir trotz der Winzigkeit der Baufläche zusätzlichen Raum. Die Grundfläche wurde aus einer langgezogenen Korridorsituation befreit und sozusagen wieder in den Kontext der Stadt entlassen. Dieses Projekt war in gewisser Weise sehr faszinierend, weil man eben wegen der besonderen Enge gezwungen war, sehr viel präziser vorzugehen. Es erforderte eine ungeheure Genauigkeit, und gleichzeitig zeigte es, daß man ungeachtet der Enge dennoch Raum freisetzen und etwas Interessantes machen konnte.

Das Gebäude hat zwei Achsen — eine horizontale und eine vertikale. Die horizontale Achse besteht im Aufbau der tragenden Mauern, die ausgehend von einer neu errichteten Brandmauer gleichsam sandwichartig hinter eine nichttragende Außenmauer aus Glas gequetscht wird. Die vertikale Achse zeigt, wie der Aufbau der vertikalen Elemente angelegt ist. Von fundamentaler Bedeutung sind die drei tragenden Mauern, weil sich im Grundriß anschließend Verlagerungen vollziehen, so, daß sich ein freitragender Vorsprung ergibt, der wie eine Schachtel in der Luft schwebt. Dort befinden sich die Büroräume, die nicht aufgeteilt sind — sie haben eine lineare Qualität und sind sehr viel flüssiger.

Um dieses Projekt gab es eine gewaltige Kontroverse. Unser Vorschlag gewann vor drei Jahren den Wettbewerb, der Klient aber wollte Helmut Jahn als ausführenden Architekten. Weil man uns jedoch die Planungsgenehmigung erteilt hatte, mußte sich Jahn, wie es heißt, an unseren Grundentwurf halten. Im Grunde hat er einfach nur das Gebäude kopiert und an dieser Stelle gebaut.

Von der Vorderseite betrachtet, liegt das Gebäude hinter der gläsernen Fassadenmauer, und von der Rückseite zeigt sich ein Spalt zwischen der neu errichteten Brandmauer und der zweiten tragenden Mauer. Über dieser Öffnung hängt freischwebend der neu hinzugewonnene Raum, der praktisch über einem hängt, wenn man das Gelände betritt. Es existiert demzufolge eine durchgehende Öffnung, die den Eingang bildet. Man betritt das Gebäude sozusagen unterhalb des eigentlichen Baukörpers.

Die nichttragende Glaswand löst sich von der Fassade, so daß sich ein durchgehender Spalt zwischen der Glaswand und den verschiedenen Geschossen ergibt. Dort wurde jeweils ein Glasboden eingefügt.

Die Hinterwand stellt praktisch die Verbindung sämtlicher Teile dar, und sie ist vor allen Dingen massiv. Die Front ist also in hohem Maße transparent, die Rückseite sehr massiv. Das strukturale Bindeglied ist das Treppenhaus, das die beiden Mauern bis zu einem gewissen Grad verbindet, da der Abschnitt, der den zentralen Schacht bildet, ganz vom Treppenhaus ausgefüllt wird. Der Schacht des Treppenhauses verlagert sich ebenfalls, so daß das Treppenhaus als Bindeglied zwischen den beiden Mauern niemals im Erdgeschoß ›aufsetzt‹: Es verändert seine Lage im ersten Stock.

Etwa fünf Monate nach Vollendung dieses Projektes besuchte uns eine Gruppe japanischer Bauplaner. Es waren fünfzehn an der Zahl, und sie fragten mich, ob ich bereit wäre, etwas in Japan zu bauen. Ich sagte zu, ohne die Sache weiter sehr ernst zu nehmen. Sie fragten, ob es mir etwas ausmachen würde, ein kleines Objekt zu bauen, und ich antwortete, kleiner als das Ku'damm-Gebäude dürfe es nicht sein. Ich zeigte ihnen

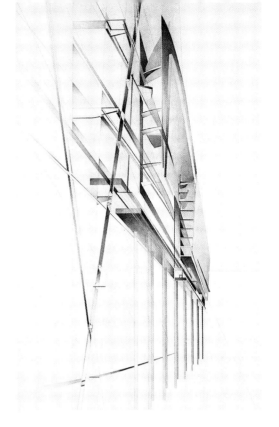

6. *Kurfürsten-*
damm Berlin, 1987,
Bürogebäude,
gesprengte
Perspektive

das Modell, das wir hatten — sie sagten nichts —, ich schenkte ihnen
noch einige Plakate des Ku'damm-Projekts, und sie verabschiedeten sich.
Drei Monate später kamen sie wieder zu uns und sagten, ja, wir möchten,
daß Sie etwas in Japan machen; ich war völlig geschockt, als ich sah, daß
die Baufläche noch kleiner war. Seitdem ersticke ich förmlich in Projekten für kleine Bauflächen, die gegen null gehen (eine fängt bei Null an,
das heißt, sie ist sehr schmal und spitzwinklig).

Berlin ist interessant, weil die noch bestehenden Bauflächen ein
Resultat der Bombardierungen während des Zweiten Weltkrieges sind.
Die neuen Straßen wurden willkürlich angelegt, so daß sich sehr unge-
wöhnliche Bauflächen ergaben. In Tokio sind ähnlich seltsame Areale
übriggeblieben, und zwar aufgrund der ungeheuer dichten Besiedelung
und des allgemeinen Baugrundmangels. Jetzt verfügt man über die technischen Mittel und die wissenschaftlichen Kenntnisse, um bis zu dreißig
Stockwerke unterirdisch oder auch bis zu einer Höhe von tausend
Metern oberirdisch zu bauen.

Eine der Bauflächen ist vier Meter breit und fünfzehn Meter lang (die
andere ist ein wenig großzügiger); oben ist das *Azabu-Objekt*, da wir es
mit einem freitragenden Vorsprung planten, acht Meter breit. Es soll sich
in eine enge Gebäudeschlucht einfügen. Von Anfang an sollte es aus zwei
verschiedenartigen Teilen bestehen: Eine Wand sollte eine Trennung

ermöglichen zwischen den Verbindungsräumen auf der einen und der Nutzfläche auf der anderen Seite. Das verlangten die Vorschriften. Allerdings passen die Vorschriften in Tokio im Grunde nie ganz zusammen. Die Zahl der Geschosse, die Quadratmeterzahl und die Gesamthöhe stimmen nie überein.

Die Breite, die letztlich übrigbleibt, nachdem man sämtliche tragenden Mauern und erdbebensicheren Konstruktionen untergebracht hat, beträgt insgesamt zwei Meter. Das bedeutete: nur Platz für eine Treppe und einen Aufzug. Der Trennwand zwischen den Verbindungsräumen und der Nutzfläche fiel daher eine immer prominentere Rolle zu. Aus ihr wurde die, wie wir sie nannten, Metallmauer, die wie eine Klinge das Gelände fast entzweischneidet. Das Objekt wurde, das zeigte sich immer deutlicher, zu einer riesigen massiven Mauer, weil es eben aus dieser Vielzahl von Mauern zusammengesetzt war (Abb. 7, 8). Wir fanden, daß die drangvolle Enge Tokios im Grunde verlangte, daß der Stadt ein Teil des Raumes sozusagen zurückgegeben würde. Wir mußten also ein Stück aus diesen Mauern herausschlagen und in einen Raum verwandeln.

Das Gebäude ist gewissermaßen aus dem Boden gehauen, man betritt es über eine gläserne Brücke. Darunter befindet sich eine Senke, darüber ein Vordach, und man kann entweder hinauf- oder hinuntergehen zu den verschiedenen Geschossen. Die erste Mauer ist aus Beton, die zweite aus Metall und die letzte aus Glas. Weil die Höhenvorgaben nicht miteinander übereinstimmen, konnten wir vier normale Geschosse unterbringen — die Höchstzahl an Geschossen ist fünf — sowie ein Geschoß mit einer Deckenhöhe von 10 Metern. In der Mitte gibt es also einen

7. Azabu, Tokio, 1987, Perspektive

8. Azabu, Tokio, 1987, Modell

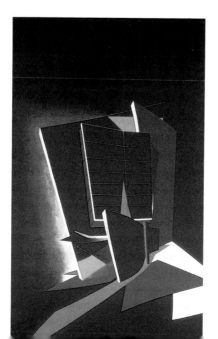

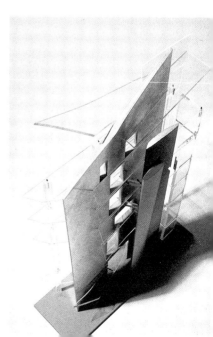

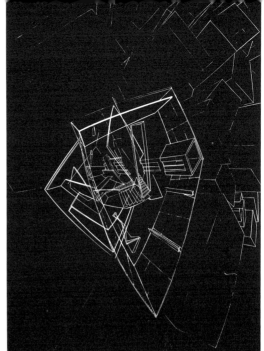

Raum, der zwei Meter breit, fünfzehn Meter lang und zehn Meter hoch ist. Das Projekt sollte unserer Ansicht nach darauf abzielen, in Tokio einen Raum zu schaffen, wo man tatsächlich würde atmen können. Der Standort treibt die qualvolle Enge der Großstadt auf die Spitze, und die Idee war also, daß man nach Luft ringend in diesen ›Freiraum‹ kommen sollte.

An einer Seite des Objektes gibt es eine vorgehängte blaue Glasfassade, die beim Betreten des Gebäudes über einem hängt. Nach oben hin birst sie allmählich auseinander. Ganz oben befinden sich ein verglaster Extraraum und ein überhängendes Schutzdach.

Wir verwirklichten zwei Projekte in Tokio: eins mit sehr schmaler Grundfläche und ein etwas großzügigeres. Letzteres würde praktisch eine Art Rundbau erlauben. Man bezeichnet es als *Bürogebäude*, doch ist dies nicht allzu streng zu nehmen. Die Sache war sehr interessant, weil die Aufgabe im Grunde darin bestand, Architektur um der Architektur willen zu machen, und alles, was innerhalb des Gebäudes geschah, wurde eher zweitrangig. Das Umfeld ist in erster Linie eine Wohngegend. Das frühere Gebäude war stark beschädigt; wenn wir schon dieses Gebäude entfernen sollten, sagten wir uns, so würden wir es durch eine Leere, einen Leerraum ersetzen. An dieser Stelle sollte es möglichst keine massive Präsenz von Architektur geben.

Das Gebäude besteht aus drei Teilen: ein Teil ist vollständig in der Erde versenkt, ein Teil in der Mitte ist zum Freien hin offen, ist sozusagen in Tokio integriert, und ein dritter Teil besteht aus einem Raum, der die Form eines Pavillons annimmt. Das Nutzungsprogramm der drei Teile ist bis zu einem gewissen Grad flexibel und eng mit der Stadt verwoben. Im unterirdischen Teil könnten Werbeateliers oder eine Galerie untergebracht werden, und der obere Teil ließe sich als Ort der Unterhaltung verwenden — etwa als Gesellschaftsräume.

Zur Gestaltung des unterirdischen Bereichs mußten wir die Bodenfläche entfernen, um Tageslicht hineinzulassen. Später wurde dann die Treppe in diese herausgeschnittene Stelle eingefügt. Auch bei Nacht wird diese Öffnung zu einer Art ›Straße‹ und läßt Licht in das Gebäude hinein. Es gibt einen untiefen Raum, der nach unten führt. Wir machten Computerzeichnungen, um zu demonstrieren, wie der Raum durch Verbindungen zu erschließen sei. Auf dem Weg zum untersten Teil des Gebäudes gelangt man zu einer Plattform, die sich in der Mitte dieses hohen, riesigen Leerraums befindet. Von dort kann man weiter in die Tiefe hinabsteigen (Abb. 9, 10).

Es gibt einen brillanten Bauingenieur in London, Peter Rice, der uns berät und sehr viel Geduld aufbringt mit mir. Ich mache mir diese Tatsache voll zunutze. Niemals delegiert er die Zusammenarbeit mit mir an andere. Er erzählt, ich sei schwierig, und deshalb müsse er sich persönlich um mich kümmern. Die Arbeit mit ihm ist immer äußerst anregend.

Die einzelnen Teile des Baukörpers sind durch einen Stützpfeiler allesamt miteinander verbunden. Schließlich wurde daraus — mit der Hilfe von Peter Rice — ein diagonaler Pfeiler, der unter der Erde eine verlagerte Position einnimmt.

Als ich das erste Mal in Berlin war, hatte mir ein Architekt gesagt, man solle sich vergewissern, daß mit den Gebäuden, die man entwirft, nicht wie mit einem Stück Salami umgegangen wird. Man neige hier dazu, Gebäude wie ein Stück Salami zu zerhacken, in der festen Überzeugung, daß das Verhältnis der Teile untereinander das gleiche sei. Was man auch wegnehme, das Strukturverhältnis bleibe gleich. Das war in meinen Augen ein interessantes Konzept. Also probierten wir das Salamikonzept in diesem Tokioter Projekt aus, um die Umrisse festzulegen. Wir machten Gußformen von sämtlichen Abschnitten, so daß absolut perfekte Betonelemente hergestellt werden konnten. Danach ging ich wieder nach Deutschland.

Ich war vor anderthalb Jahren in Österreich, um in Graz einen Vortrag zu halten. Dort war auch ein Professor Kossak aus Hamburg zugegen, dem das Ku'damm-Projekt so sehr gefiel, daß er mich einlud, zwei Projekte in Hamburg zu verwirklichen. Beim ersten handelt es sich um ein sehr schmales spitzwinkeliges Grundstück mit einer Länge von 22 Metern. Es liegt an einer Straße, die (wie hier wohl jeder weiß) sehr umstritten ist: an der *Hafenstraße*. Ich aber hatte natürlich keine

11. Hamburg,
Hafenstraße, 1989,
Gebäude I, Modell

12. Hamburg,
Hafenstraße, 1989,
Gebäude II,
Perspektiven

Ahnung von den Krawallen, die die Hausbesetzer dort anzettelten. Das Wesentliche ist, daß gegenüber vom Hafen eine Häuserzeile liegt, in der mehrere Lücken sind. Man will diese Lücken füllen, anstatt die ganze Straße abzureißen. Beide Standorte liegen auf der anderen Seite der Trockendocks. Die Entwicklung dieser beiden Projekte bereitete uns unwahrscheinliche Probleme, denn ich konnte die Ku'damm-Sache nicht noch einmal wiederholen. Ich hatte zwei Möglichkeiten. Entweder konnte ich etwas völlig anderes machen (obwohl wir uns doch eigentlich eine fast perfekte Voraussetzung geschaffen hatten), oder ich konnte einen Katalog so vieler Ku'damm-Versionen kreieren, wie es eben im Bereich meiner Möglichkeiten lag. Es sollte dort also ein Gebäude entstehen, das gewissermaßen vom Wind weggeblasen wird, und ein anderes, das ein wenig zusammengedrängt ist und ohne eine klar umrissene materielle Form, weil es zwischen zwei vorhandenen Häusern eingeklemmt ist. Schließlich entschieden wir uns, ersteres gleichsam wie eine gewöhnliche Platte zu gestalten, die zur Seite gedrückt wird (Abb. 11). Es handelt sich um ein ganz einfaches Gebäude mit offenen Räumen, entweder zum Wohnen oder zum Arbeiten. Und so entwarfen wir eben eine Ansammlung mehrerer Plättchen − es sind nicht direkt Platten, dafür sind sie zu klein.

Das Ganze glich allmählich einer graphischen Darstellung der heftigen Vibration, die auftritt, wenn eine Fläche nach einer Seite hin aufschlägt. Es war etwas anderes erforderlich als ein massiver Block. Da die Stelle eine herrliche Aussicht bietet, brauchte man in ihrem Bereich eine Öffnung, um einen unmittelbaren Blick auf den Hafen zu erhalten. Das eine Objekt ist also die schräg stehende Platte, und das andere sollte eigentlich nach meinen Plänen wie ein Bücherregal mit einem Haufen Bücher aussehen (Abb. 12). Das Problem war nur, daß das Areal zu klein war, um diese Intention sichtbar zu machen. Es hätte deutlich erkennbar sein sollen, daß es sich um verschiedene Gebäude handelt und nicht nur um verschiedene Mauern, die sandwichartig ineinandergeschoben sind. Jedes dieser Gebäude hätte entweder Ateliers, Wohnungen oder Büroräume beherbergen sollen. Für das Eckgebäude hatten wir zwar einen Kunden, nicht aber für das mittlere, deshalb blieb das Objekt in der Mitte ein Entwurf. Wir benutzten dieses mittlere Gebäude gewissermaßen als Versuchsobjekt, um zu sehen, wie man ein Gebäude dieser Art gestalten könnte.

Das Eckgebäude neigt sich unmittelbar hinter einem, wenn man auf der Straße steht. Das Interessante ist, daß die Geschosse nach hinten hin fast identisch bleiben; das einzige, was sich verändert, ist die Lage des Aufzugschachtes. Dies bringt allerdings mit sich, daß sich das Innere jeweils ganz anders darstellen wird. Es handelt sich hierbei um die 20. Version des Ku'damm-Projektes. Ganz oben befindet sich ein Gemeinschaftsraum, eine Dachlobby.

Wir stellten das Projekt in einer Markthalle aus. Dort zeigten wir Studien der beiden Modelle, wie sie sich nach hinten und nach vorne neigten, und eine Studie, wo die Fassadenwand über den Ausschnitt geschoben war, so daß man beides gleichzeitig sehen konnte.

Zur Zeit sind die verschiedenen Ebenen im Eckgebäude noch einfach lineare Räume, die durch ein bestimmtes Nutzungsprogramm definiert werden. Man könnte sie entweder unaufgeteilt lassen oder aufteilen, falls dort Wohnungen entstehen sollen. Ebenso könnte man sie vertikal miteinander verbinden.

Das Projekt in der Mitte machten wir letztendlich als eine Art Testversuch. Wir kamen zu der Überzeugung, daß wir das Konzept erst wieder ausprobieren sollten, wenn sich eine Gelegenheit dazu böte. Es ließe sich auf jede Ufersituation anwenden, bei der die Konturen eines Ensembles, die Aussicht und der Nutzungsplan von entscheidender Bedeutung sind.

Vor kurzem haben wir uns mit einem sehr großen Projekt für ein Baugelände in Düsseldorf befaßt. Für dieses Objekt ist eine gemischte Nutzung vorgesehen, weil von ihm ein erster Impuls zur Erschließung der

13. *Düsseldorf,*
Hafengrundstück,
1989, Gebäude für
Mischnutzung,
Modell

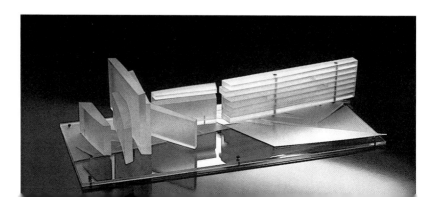

14. Düsseldorf,
Hafengrundstück,
1989, Gebäude für
Mischnutzung,
Modell

alten Hafengegend für neue Unternehmen ausgehen soll. Die Haupt-
aufgabe bestand in der Errichtung von Räumen für eine Werbeagentur,
daneben sollte ein zweiter Teil sich mit der Landschaft auf dem Gelände
auseinandersetzen, und schließlich sollten in einem dritten Teil öffentliche Einrichtungen, Filmstudios, Werbeateliers, Büroräume und ein
Hotel untergebracht werden. Wir mußten uns überlegen, ob sich die
Idee, die wir für Hamburg hatten, auf das *Düsseldorfer Hafengrundstück*
übertragen ließe. Es war denkbar, daß sie hier, wegen der Großzügigkeit
des Standortes, besser zur Wirkung kommen würde. Wieder handelt es
sich um eine Ufersituation — sozusagen in allerbester Hafenlage. Die
Entwürfe stecken noch in einem frühen Stadium, da wir den Wettbewerb erst vor kurzem gewonnen haben (Abb. 13, 14). Es besteht also
durchaus die Möglichkeit, daß sie Wirklichkeit werden. Im Vergleich zu
unseren Projekten der letzten drei Jahre haben wir es hier mit einem
überaus großzügigen Standort zu tun. Der Ort sollte unserer Ansicht
nach als ein Konglomerat verschiedenster Elemente betrachtet werden,
da er so viele unterschiedliche Tätigkeitsbereiche umfassen soll.

Das Gelände ist in verschiedene Sektoren aufgeteilt. Der vordere Sektor wird zu einem Teil der Landschaft und des Hafens, und im zweiten
Sektor werden die öffentlichen Einrichtungen untergebracht, die sich
sowohl der Stadt wie auch dem Gelände selbst zuwenden. Das ganze
Gelände hat eine Länge von etwa 200 Metern und ist zwischen 40 und
50 Meter breit; es gibt einen abgesonderten Teil, der eine dreieckige
Piazza bildet, die sich in das Gelände schiebt und eine in sich abgeschlossene Situation schaffen soll. Aus der parkähnlichen Anlage sind verschiedene Stellen gleichsam herausgeschnitten. Dabei handelt es sich um
öffentliche Räume, die wie Schneisen in der Landschaft wirken.

Ein Gebäude ist ausgesprochen langgezogen und linear; es bricht nur an einem Punkt auseinander. Wenn man die Straße entlanggeht, sieht man eine Gebäudegruppe. Dort ist die Werbeagentur untergebracht; die Intention ist, daß die verschiedenen Zweige, die die Arbeit einer Werbeagentur ausmachen, an einem Punkt in der Mitte zusammentreffen. Von der Straße kommend betritt man einen Glasraum. Man kann auch unter einer der Mauerplatten hindurchgehen, die als Schutzdach fungieren, da sie einen Vorsprung bilden. Man sieht eine scheinbar undurchbrochene Mauer, doch es gibt vielerlei Überraschungen. Außerdem hat man ganz besondere, ständig wechselnde Ausblicke auf das Wasser. Auch das längliche Gebäude ließe sich wie der Peak in verschiedene Schichten gliedern, die einem Hotel oder Büroräumen Platz bieten. Der einzige Teil, der im ganzen eine separate Einheit bildet, ist die Werbeagentur; sie soll als eine Art Medienzentrum fungieren.

Die zentrale Piazza fällt bis in den öffentlichen Gebäudebereich hinein schräg ab. Dort befinden sich Büroräume, auf ebener Erde Geschäfte, ein unterirdisches Kino und sämtliche Ateliers. Jedes der Geschosse läßt sich unterschiedlich nutzen; im 7. Stock könnte man sich ein Hotel und im 2. verschiedene Büros vorstellen. Das Ganze ist eben auch eine Fortsetzung der Großstadtverhältnisse: Es ist vielschichtig.

Das längliche Gebäude ist etwas angehoben, so daß sich von der Straße her ein Durchblick auf den Hafen bietet. Mich interessierte insbesondere, wie man eine Situation schaffen könnte, in der man seinen Nachbarn im gleichen Gebäude zwar sehen, nicht aber zu ihm gelangen kann.

Am Eingang betritt man einen Glasraum, eine Rampe führt dann durch die Vorhalle nach oben. Dort gibt es einen abgeschlossenen Raum, der sozusagen als ›Denkzentrale‹ dient. Die Direktionsräume sind nicht hierarchisch angeordnet, weil alle jeweils im gleichen Stockwerk arbeiten und in einem etwas amorphen Versammlungsraum zusammentreffen. Dort, in diesem herausgeschnittenen Raum, findet der Gedankenaustausch statt. Am äußersten Ende gibt es Räume mit doppelter Deckenhöhe. Sie sind nicht durch unterschiedliche Nutzungsbedürfnisse getrennt, sondern durch Leerräume. An einem bestimmten Punkt im Gebäude vermischen sich all diese verschiedenen Stockwerke und bilden von da an ein normales Gebäude mit durchgehenden Büroebenen. Diese Geschosse sind nicht in Einzelteile zerlegt, sondern durch Glaswände und Leerräume aufgeteilt. Es ist gewissermaßen ein Gebäude unter einem gemeinsamen Schirm.

Die Idee zu diesen äußerst intensiven, offenen Räumen war in Zusammenhang mit Studien entstanden, die wir für einen ›Folly‹ (Pavillon) in Osaka durchführten. Es handelt sich um ein sehr kleines Projekt für

eine Gartenschau in Osaka. Das Objekt besteht aus einer Reihe von Mauern, die aneinandergeschoben sind. Das Interessante daran ist das Erlebnis, wie man sich durch die Räume zwischen den Mauern hindurchbewegt. Der vorgesehene Platz war sehr eng — nur siebeneinhalb Meter lang — man erlaubte uns aber, ihn ein wenig mehr in die Länge zu ziehen. Wir wollten kein Objekt, das über dem Grund hängt, sondern etwas, durch das man ohne Unterbrechung hindurchgehen könnte. Bis auf zwei Betonmauern sind sämtliche Wände aus Metall. Das gesamte Licht kommt von unten, so daß der Eindruck entsteht, als schwebe das ganze Objekt in dieser Gartenausstellung.

Als Thema für ein *Restaurantobjekt in Sapporo* nahmen wir ›Eis und Feuer‹. In Sapporo macht man Architektur aus Eis. Das Restaurant im Erdgeschoß ist sozusagen ein Eisberg: Man kommt in einen sehr kalten Raum, ganz aus Glas, hinein (Abb. 15). Dann wird das Eis in Feuer verwandelt, und es schmilzt im oberen Stockwerk, wo sich die Bar befindet (Abb. 16). Dieses Projekt enthält eine gewisse Ironie. Wir entwarfen für das Restaurant Sofas, die wie Schlangen oder Aale aussehen und gleichsam in diesem Kasten aus Eis herumschwimmen. Wir gaben dem Modell dieses Objektes — es handelt sich um ein Aldo-Rossi-Gebäude — eine schwarze Farbe, und der Koarchitekt, der Aldo Rossi vertritt, dachte, wir würden das Gebäude schwarz streichen, was ihm sehr gefiel. Das Gebäude wurde so zu einer black box — bestimmt eine schöne Überraschung für Aldo Rossi.

Der ›Feuerbereich‹ oben enthält eine ziemlich niedrige Bar, sie erreicht nicht ganz die normale Barhöhe. Alles ist ganz niedrig, und man ißt auf den Couches. Die Architektur des Gebäudes ist mir persönlich eher fremd. So gibt es etwa eine zentrale Kuppelhalle. Etwas Derartiges hatte ich vorher noch nie verwendet, und ursprünglich wollten wir den oberen Teil dann auch aufbrechen. Das wurde uns aber untersagt. Uns war klar, daß es sich um ein Gebäude von Aldo Rossi handelt, und seine Leute, die sehr höflich waren, haben auch nicht an unserem Projekt herumgepfuscht. Statt dessen haben wir den Boden der Bar in der Halle freischwebend aufgehängt; dies ist das Herz des Projektes. Der Boden schimmert, so daß man das Gefühl hat, als würde man über dem darunterliegenden Stockwerk schweben. Der Raum oben ist sehr dunkel bis auf die farbig gestalteten Randbereiche. Das Erdgeschoß ist in gebrochen weißen Farben gehalten und zum Großteil mit Glas verkleidet.

Wir hatten die japanischen Tischgewohnheiten im Kopf, als wir die Restauranttische entwarfen. Die Japaner haben manchmal sehr lange, schmale Tische — diese verwendeten wir, um ihnen italienisches Essen vorzusetzen. Einerseits ist das Arrangement mit niedrigen Sitzplätzen und langen Tischen sehr traditionell — der Unterschied ist nur, daß man dort nicht japanisch ißt.

Ich möchte mit einem Projekt abschließen, das, als Studie, im Grunde mein Lieblingsprojekt aus dieser Periode ist. Es handelt sich um eine *Feuerstation für die Möbelfabrik Vitra.* Vertreter dieser Firma waren zunächst, nachdem sie Abbildungen von unseren Möbeln gesehen hatten, mit der Bitte an uns herangetreten, einen Stuhl für sie zu entwerfen. Nach einer Weile bat man mich dann, eine Feuerwache zu entwerfen, da die Fabrik erweitert wird und eine Feuerwache vorgeschrieben ist. Es handelt sich nicht nur um die Station, sondern auch um ein dazugehöriges Fitneßcenter. Zu entwerfen waren die Mauern, die die verschiedenen Gebäude auf dem Gelände umgeben, ein Fahrradschuppen und verschiedene kleine Elemente, die über das Fabrikgelände verteilt werden konnten.

Ich besichtigte den Standort, noch bevor das Gebäude von Frank Gehry [Vitra Design Museum, Weil am Rhein] errichtet war. Ein neues Gebäude wurde gerade gebaut, und der ganze Komplex war wie aus lauter riesigen Bruchstücken zusammengesetzt. Es gab keinen strukturellen Zusammenhang und keine Möglichkeit, das Ganze zu verbinden. Ich hatte das Gefühl, wenn wir tatsächlich die Pläne strikt befolgten und eine Feuerwache hier und einen Fahrradschuppen dort hinbauten, würde es sehr schwer werden, das Ganze irgendwie noch als Einheit zu erfahren. Also nahmen wir die Landschaft unter die Lupe, da ich dies für unbedingt erforderlich hielt, um wirklich zu verstehen, wie man einen Raum aus diesem an ein Niemandsland erinnernden ›Un-Raum‹ schaffen könnte. Wir betrachteten den Raum zwischen den verschiedenen Schuppen als einen Freiluftraum, und quasi als Ausstattung dieses Raumes fungieren in unserer Sicht die Feuerwache und all die anderen

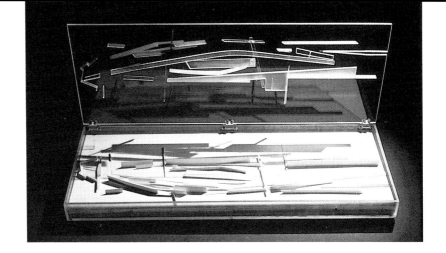

17. Vitra
Feuerstation, 1990,
Modell

Einzelelemente. Der Raum selbst ist die Leere, und dessen Kehrseite ist kompakter Baukörper. Der Plan war, die Sache jetzt zu bauen, damit diese zunächst eben wie ein kompakter Baukörper wirkt; wenn später aber der zweite Teil der Fabrik errichtet sein wird — der auf der anderen Seite vorgesehen ist —, wird der Korridor in der Mitte zum Leerraum. All diese Dinge sind gewissermaßen in einem Spiel miteinander verwickelt (Abb. 17).

Die Verbindung zwischen den innen gelegenen Wegen wird durch die Folge der Gebäude beeinflußt. Der Freiluftraum oder der herausgeschnittene Raum tritt hervor, sobald die Fabrikgebäude Gestalt annehmen, und die Mauern dieser Gebäude werden sozusagen zur Raumausstattung. Der Boden wird manipuliert durch die Art seiner Gestaltung, die in bezug zur Gesamtlandschaft sehr wichtig wird. Möglich wäre Kies, Gras, Beton, farbig oder ohne Farbe.

Man schickte uns eine Videokassette, die die Bewegungsabläufe der Feuerwehrleute zeigt. Das war aufregend, weil sie, während sie so tun, als würde es irgendwo brennen, zum Beispiel Wände hinaufklettern oder eine Brücke über zwei Gebäude überqueren müssen. Dabei wirken sie wie Turner, die über ein Trapez rennen. Sie müssen auf Wände klettern und ungewohnte Türen öffnen, das ist ein wesentlicher Teil ihres Trainings. Gewöhnlich öffnet sich eines der Tore, und sämtliche Feuerwehrleute verschwinden dahinter. Im Videofilm ist der Raum, in dem die Wagen untergebracht sind, dargestellt als wunderschöner Raum, vielleicht aber nur schön vom Räumlichen her. Den Fahrradschuppen könnte man sich bloß als ein schlichtes Dach vorstellen, das über einer Bodensenke ruht. Daneben gibt es noch einen Fußgängerweg, der das neue Stuhlmuseum von Frank Gehry und ein neues Fabrikgebäude miteinander verbindet. Dieser neue Weg wird zu einem Raum im Freien; er hat vielerlei unterschiedliche Farben und Oberflächen und führt, ganz zufällig, an einer Feuerwache vorbei. Das wäre es, vielen Dank.

Daniel Libeskind

BETWEEN THE LINES

BERLIN MUSEUM MIT ABTEILUNG JÜDISCHES MUSEUM

Es ist mir eine große Freude, hier zu sein; meine Gastgeber haben mir
einen überaus liebenswürdigen Empfang bereitet. Dies macht es jedoch
keineswegs einfacher, über das Projekt der Architektur oder der Dekonstruktion, wie es hier genannt wurde, zu referieren. Mir scheint, es läßt
sich nicht verschleiern, daß man über Architektur nicht in zusammen-
hängender Form oder gar von einem ›Anfang‹ her reden kann. Man
könnte in der Tat behaupten, daß der Begriff von einem ursprünglichen
Ausgangspunkt, der eine Vergangenheit voraussetzt, die einmal Gegenwart war, schon an sich fragwürdig ist, denn die Vergangenheit ist
immer bereits vergangen; und deshalb ist das Vergangene nie als Gegen-
wärtiges erlebt worden. Anstatt also zu versuchen, hier über bestimmte
Dinge von einem Anfang her zu reden, möchte ich vielmehr die Anfänge
ganz übergehen und geradewegs in der Mitte einsteigen.

Die Mitte war in meinem Fall das Projekt *Erweiterung Berlin
Museum mit Abteilung Jüdisches Museum*, doch bevor ich die Bilder
zeige, möchte ich Ihnen etwas erklären, denn die Bilder sind meiner Ansicht nach sekundär. Wichtiger erscheint mir, zu versuchen, Ihnen etwas
über die Zeit − über das Element Zeit − mitzuteilen. Nicht nur über
die historische Zeit, über die Zeit in der Architektur, sondern auch über
die Zeit hier und jetzt. Vor einer Weile schon kam ich zu der Überzeugung, daß bei Betrachtungen über die Zeit, über die Geschichte, der Eindruck entsteht, es habe nichts stattgefunden. Über die Zeit reflektierend,
erkennt man, daß die Zeit nicht mitläuft, die Zeit sozusagen nicht sichtbar ist, weil man auf der Suche nach ihr ist. Sobald man aber nicht nach
ihr Ausschau hält, wird man durch sie verwandelt. Es geschieht einfach
ganz plötzlich − sozusagen über Nacht oder zwischen den Zeichnungen
oder mitten in der Arbeit −, und schon ist man von Grund auf verwandelt.

Über Architektur zu reden (und ich versuche auch über Berlin und
über die heutige Situation zu reden), heißt also, über das Paradigma des
Irrationalen zu reden. Was ich meine, ist, daß für mich die gelungensten
Werke des Zeitgeistes meiner Ansicht nach dem Irrationalen entspringen, während das, was in der Welt die Oberhand behält, was sich durch-

1. Innenstruktur des Museums − Fragmente und Leere, 1989/90

setzt und dominiert und oftmals tötet, immer im Namen der Vernunft, der Ratio geschieht. Wenn ich also vom Irrationalen als einem Nicht-Anfang dieses Projektes spreche, so muß ich Ihnen sagen, wie ich die Sache angegangen bin, da ja Berlin nicht nur ein realer Ort ist. Ich weiß, daß Berlin ein realer Ort ist, da ich heute gerade von dort hierher geflogen bin; in mancher Hinsicht aber ist dieser Ort tatsächlich nicht real vorhanden. Teils ist er etwas, das im Geiste existiert, teils etwas, das zu einer Vergangenheit gehört, die nie Gegenwart war, und teils eine geistige Realität, die sich jedem auf der Welt unmittelbar verständlich mitteilt. Ich habe so oft diesen Satz von John F. Kennedy gehört, »Ich bin ein Berliner«, mir kam aber auch der Gedanke, daß jeder Mensch nicht nur ein Berliner ist, sondern, nach den verhängnisvollen Folgen des Holocaust und der Modernität, zugleich auch ein Überlebender. Jeder, der Zeuge dieser zeitgenössischen Entwicklungen gewesen ist, ist daher ein Überlebender. Das bedeutet, daß niemand mehr sterben kann, denn wenn man ein Überlebender ist, kann man nicht einen Opfertod sterben. Ich bitte Sie also, dies im Gedächtnis zu behalten, während ich versuche, Ihnen etwas Essentielles über das Berlin Museum mit der Abteilung Jüdisches Museum zu erzählen.

Die Rabbis sowie all die Kommentare zum Talmud behaupten immer, Gott habe die Welt aus dem Nichts — also ein Etwas aus dem Nichts heraus — geschaffen, und die Gläubigen hätten die Aufgabe, aus diesem Etwas das schöpferische Nichts, dem es entsprungen ist, abzuleiten. Offensichtlich verwickelt einen dies gleich von Anbeginn in etwas Irrationales, denn ich vermag Ihnen nicht zu sagen, wie das Nichts seinen Anfang nahm, ich kann Ihnen aber die drei Elemente nennen, die mich

2. Lageplan und Signaturen

3. Modell — Gesamtaufsicht

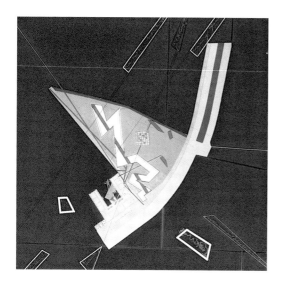

an diesem Projekt Erweiterung des Berlin Museums mit Abteilung Jüdisches Museum interessierten. Es ist natürlich von Anfang an ein verrücktes Thema, weil in diesem Zusammenhang Berlin in den Mittelpunkt rückt; die Juden rücken in den Mittelpunkt; das Problem der Geschichte, die Kulmination der zeitgenössischen Geschichte in Berlin, bewegt sich unaufhaltsam — in Hegelscher Manier — auf die Gegenwart zu.

Zunächst versuchte ich, einen Plan von einer hexagonalen Form anzufertigen — ich weiß nicht, warum. Irgendwie klingt es sehr kitschig: der Davidsstern — ein solches Klischee. Um die Lindenstraße herum haben sehr viele berühmte Deutsche gelebt und viele berühmte Juden. Deutsche Juden. Juden, Deutsche, Berliner, jene, mit anderen Worten, die die Kultur geformt haben, die wir als ›Berlin‹ kennen. Ich versuchte, die Adressen bestimmter anderer Berliner wie Kleist, Heinrich Heine und Rahel Varnhagen, aber auch von ›Berlinern‹ unseres Jahrhunderts wie Arnold Schönberg, Paul Celan und Walter Benjamin herauszufinden. Natürlich spielt es für die Struktur der Stadt keine Rolle, wo sie wohnten. Es ist nicht wichtig, wo diese anonymen Adressen waren, aber trotzdem fand ich sie. Ich machte sie ausfindig, ich fand die Orte, und ich versuchte, eine Verbindung zwischen denen herzustellen, die die Träger der geistigen Entität Berlins waren — als ein Emblem, ein Sinnbild. Tatsächlich ergab sich ein verzerrtes hexagonales Liniensystem. Dies war ein Gerüst, denn ich wollte nicht mit einem Gitter, einem Quadrat oder gar einer modularen Form anfangen. Ich mußte irgendwo im Nichts anfangen, also warum nicht mit einem ziemlich irrationalen Liniensystem. Diese Linien bilden einen Nexus, der ganz bestimmte anonyme Orte in Berlin, im Osten wie auch im Westen der Stadt, miteinander verbindet. Zugleich handelt es sich aber auch um eine Reihe von Verbindungen zwischen unwirklichen Orten und realen Menschen. Dies ist eine Dimension, nennen wir es die architektonische Dimension, des Projektes.

Die zweite Dimension des Projektes ist eine musikalische. Denn gleich zu Beginn setzte ich mir als Vorgabe die unvollendete Oper von Schönberg mit dem Titel ›Moses und Aron‹. Allerdings war das Interessante an dieser Oper für mich nicht nur, daß sie zwölf Buchstaben in ihrem Titel und all diese technischen Aspekte enthält, sondern die Tatsache, daß Schönberg sie — in Berlin — zwar zu schreiben begann, sie aber nicht vollenden konnte. Wenn er auch den Versuch unternahm, sie zu vollenden, so bricht doch die Oper im zweiten Akt auseinander. Der Punkt ist nicht nur der, daß ihm sozusagen die Inspiration fehlte, den dritten Akt zu vollenden, sondern die gesamte musikalische Struktur war ins Stocken geraten, so daß keine Möglichkeit mehr gegeben war, in der Form der Oper fortzufahren. Das interessierte mich, denn ich hatte die

Tatsache stets als bemerkenswert empfunden, daß ein Genie — dieser herausragende Geist und große Komponist — außerstande war, den dritten Akt zu vollenden. Also nahm ich all meine Platten und Schönbergs Partitur und begann das Libretto zu lesen. Darauf wurde mir bewußt, daß die Oper im Grunde tatsächlich mit dem Berlin Museum zu tun hat. Sie wurde vorher geschrieben, aber wie ich schon sagte, die Zeit spielt keine so entscheidende Rolle. Denn es handelt sich um einen Dialog zwischen Aron und Moses, wobei Aron der ›Mund‹, das Sprachrohr des Volkes Isreal, und Moses der Mensch ist, der begreift, daß es nichts gibt, was man dem Volk zeigen könnte. Aron will sich dem Volk mitteilen, es ins gelobte Land führen, Moses sieht sich außerstande, die Offenbarung Gottes durch irgendein Bild zu vermitteln — einschließlich des musikalischen Bildes in Schönbergs Fall. Ich werde Sie nicht langweilen, indem ich Ihnen dieses Libretto vorlese — es stammt ebenfalls von Schönberg —, ich möchte Ihnen nur eine Übersicht geben. Die Diskussion zwischen Aron und Moses endet damit, daß Aron langsam im Hintergrund abgeht und der Chor singt, »Allmächt'ger, du bist stärker als Ägyptens Götter!«, woraufhin alle fortgehen, und Moses steht auf der Bühne, und angeblich, wenn Sie die Oper kennen, singt er. Er versucht, folgendes zu singen: »Unvorstellbarer Gott! Unaussprechlicher, vieldeutiger Gedanke! Läßt du diese Auslegung zu? Darf Aron, mein Mund, dieses Bild machen? So habe ich mir ein Bild gemacht, falsch, wie ein Bild nur sein kann! So bin ich geschlagen! So war alles Wahnsinn, was ich gedacht habe, und kann und darf nicht gesagt werden!« Dies alles wird gesungen. »O Wort, du Wort, das mir fehlt!«, diese letzte Zeile, »O Wort, du Wort, das mir fehlt!«, wird nicht mehr gesungen, sie wird tatsächlich nur gesprochen. Am Ende der Oper kann man das Wort verstehen, weil es keine Musik gibt. Man kann verstehen, was in der Oper gesagt wird, weil das Wort sozusagen isoliert und ihm ein ganz und gar nicht-musikalischer Ausdruck verliehen wurde. Es ist interessant, weiterzulesen, der zweite Akt bricht hier ab, und das Ende des zweiten Aktes

4. Gesamtsituation mit umgebender Bebauung

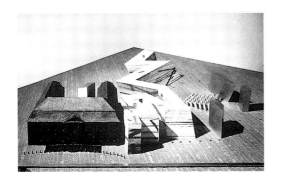

ist, auf dieser Aufnahme, gleichzeitig das Ende der Platte. Dann las ich ein wenig weiter, um zu sehen, wie der dritte Akt angelegt sein sollte, doch es war klar, daß Schönberg am Ende zu zeigen versuchte, daß Moses sogar in der Wüste siegreich und mit Gott vereinigt sein würde.

Das ist also die zweite Dimension des Projektes. Die erste ist das Liniengeflecht, das unsichtbare Dinge miteinander verbindet, die kein Muster in der Stadtlandschaft bilden. Die zweite Dimension ist der unvollendete dritte Akt Schönbergs, und die dritte Dimension ist ein Text – nennen wir sie die ›textile‹ Dimension. Hierzu besorgte ich mir zwei Bände. Ich wandte mich an die Bundesrepublik Deutschland, schrieb nach Bonn und fragte, ob es irgendein Buch mit dem Verzeichnis sämtlicher jüdischen Menschen gäbe, die aus Berlin deportiert worden sind. Tatsächlich gab es dieses Buch. Und ich erhielt es mit der Post. Es ist eine beispiellose zweibändige Ausgabe, wie ein riesiges Telefonbuch, das weiter nichts enthält als eine Masse von Namen in alphabetischer Reihenfolge, eine ganz und gar unglaubliche Publikation. Nur die Namen von Hunderten und Tausenden Juden unter Angabe ihres Geburtsdatums sowie des Zeitpunktes ihres Verschwindens in verschiedenen Gegenden Deutschlands. Ich suchte natürlich nach Namen von Berlinern, denn es war ja ein Berliner Projekt, ein Berlin Museum. Das war die dritte Dimension. Ich hatte also einen Text, ich hatte diesen nicht-musikalischen Text, und ich hatte die architektonische Struktur.

Außerdem war ich der Auffassung, das Museum für eine Stadt wie Berlin dürfte nicht nur für die Bürger von heute da sein, es sollte zugleich auch, in der Phantasie oder metaphysisch gesehen, für die Bürger der Vergangenheit und der Zukunft zugänglich sein; für alle Bürger Berlins, die im Museum nicht nur ihr gemeinsames Erbe konkretisiert sehen sollten, da sie alle Berliner sind, Berliner waren, Berliner sein werden, sondern auch eine gemeinsame Hoffnung, die etwas ist, das einer individuellen Sehnsucht entspringt. Zu diesem Zweck mußte meiner Meinung nach auch die Form des Museums neu überdacht werden, um jedwede nur passive Beteiligung des Publikums, des Museumspublikums, zu überwinden. Ich fand, ein Museum sollte nicht seiner Kultur gleichen, es sollte vielmehr eine Distanz zwischen sich und dem Publikum schaffen, sich das Publikum entfremden, um es zu einer Entscheidung zu zwingen, was nun genau wo und auf welche Weise zu tun sei in einem Museum, dessen spezifische Funktion die Geschichte eines Symbols — und einer Stadt — ist. Die Erweiterung des Berlin Museums mit besonderem Schwerpunkt auf der Unterbringung des Jüdischen Museums ist daher ein Versuch, einem gemeinsamen Schicksal Ausdruck zu verleihen, einem Schicksal, das von allen geteilt wird: von Juden und Nicht-Juden, Berlinern und Nicht-Berlinern, von denen, die im Ausland, und denen, die in der Heimat leben, von denen in der Verbannung und denen in der Wildnis. Und dieses gemeinsame Schicksal wird von allen geteilt, in erster Linie im Hinblick auf das, was ihnen im Dasein gegeben ist, und was gänzlich anders ist als ›Da-Sein‹. Es geht also nicht nur um das Dasein, es handelt sich nicht nur um ein existentialistisches Kontinuum, sondern auch um das, was gänzlich anders ist als ein Text, gänzlich anders als Dekonstruktion, gänzlich anders als das Dasein. Es betrifft nicht nur die Existenz, sondern auch die Nichtexistenz. Die moderne Philosophie ist, wie mir scheint, eigentlich keine Existenzphilosophie. Obgleich sie mit der Existenzphilosophie einsetzt und sich zu etwas hin fortsetzt, was einer Philosophie von Da-Seiendem nachempfunden zu sein scheint, so verschwindet sie doch letztlich und geht über in eine Philosophie der Verbannung, eine Philosophie des Entzugs. Man könnte sie als eine ›Inexistenzphilosophie‹ bezeichnen, und dieser Begriff gilt vielleicht auch als eine der Definitionen der Dekonstruktion. Deshalb ist die zeitgenössische Philosophie, wenn man so will, zugleich auch eine zeitgenössische Form der Ungehörigkeit.

Jedenfalls soll das Museum nicht nur der Inspiration von Dichtung, Musik und dramatischer Kunst dienen, es soll auch dem ›Geordneten-Ungeordneten‹, dem ›Willkommenen-Unwillkommenen‹, dem ›Er-

7. Ansicht von Südwesten

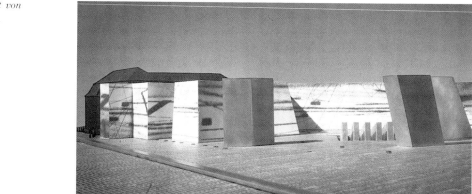

wählten-Nichterwählten‹, dem ›Hilfreichen-Hilflosen‹, dem, dem keine Hilfe zuteil wird, sowie der Stimme, die stumm ist, ein Heim, einen Platz bieten. Es soll also, nach meinem Programm zumindest, diese Trennlinien überschreiten. Die besondere Situation der Stadt soll eine geistige Stätte ergeben, nicht nur ein städtebauliches Stück Immobilie. Dies bedarf offensichtlich einer näheren Qualifizierung, denn was heißt das? Zumindest aber soll es das unstete Schicksal Berlins in sich bergen, das es spiegeln, brechen und zu gleicher Zeit überschreiten soll. Das ehemalige Schicksal, das Verhängnis, wenn man so will, oder die Katastrophe der deutsch-jüdischen kulturellen Beziehungen vollziehen sich heute nur mehr in der Sphäre des Nicht-Sichtbaren. Ich meine, es ist nicht vorüber, nur weil die jüdische Präsenz fehlt, wie man sie aus den zwanziger und dreißiger Jahren und, weiter zurück, mit Blick auf das 18. und 19. Jahrhundert kennt. Diese Beziehung bleibt bestehen, sie ist nur nicht etwas, was man sehen kann. Und es ist dieser Teilbereich des ›Nicht-Sehens-Ungesehenen‹, der ins Sichtbare gehoben werden soll, um einer Hoffnung und dem gemeinsamen Erleben einer inneren Vision auf die Sprünge zu helfen; nicht nur dem gemeinsamen Erleben einer äußeren Vision, sondern der inneren Vision. Das Projekt sucht diese Art von Geschichte wieder mit Berlin und Berlin wieder mit seiner eigenen Geschichte zu verbinden, die nicht vertuscht oder vergessen werden darf. Ich war bemüht, die Bedeutung wiederaufzunehmen, die in Berlin nur implizit gegeben zu sein scheint, und diese sichtbar, offenbar zu machen, nicht sie zu verbergen oder zu verleugnen. Also nahm ich die großen Persönlichkeiten in dem Drama — ich sollte vielmehr sagen, nicht ich nahm diese großen Figuren, sondern sie zogen sich in das Drama Berlins hinein. Jene, die als Träger der einst imminenten Hoffnung und als Träger einer großen Verzweiflung, einer tiefen Leidenschaft fungierten; und ich versuchte, ihre Spur bis hinein in das Gebäude und in den Ort zu verfolgen.

Der neue Erweiterungsbau ist konzipiert als ein Emblem, ein sinnbildliches Zeichen, in dem sich das ›Nicht-Sichtbare‹ als ein leeres ›Unsichtbares‹ offenbart hat. Die Idee ist also sehr einfach; das Museum soll um eine Leere herum aufgebaut werden, die durch das Gebäude verläuft, eine Leere, in die das Publikum eintreten soll. Rein materiell betrachtet, ist alles, was von der jüdischen Gegenwart in Berlin bleibt, nur mehr eine Vergegenwärtigung einer Gegenwart — eine Abwesenheit, die nie eine Gegenwart gekannt hat. Was bleibt, sind kleine Dinge, Dokumente, Archivmaterial. Diese ›Leere‹, die sich durch die heutige Kultur Berlins hindurchzieht, soll also meiner Ansicht nach sichtbar gemacht werden, soll zugänglich sein. Sie soll zum Strukturmerkmal werden, das an dieser speziellen Stelle der Stadt zusammengefaßt ist und

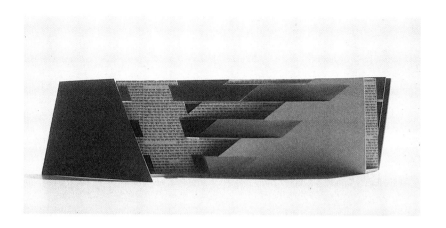

bloßgelegt in einer Architektur, in der das Namenlose im Namen, der stumm bleibt, erhalten ist. Einen Ort zu haben, an dem das, was ohne Namen ist, stumm bleibt — das Namenlose wird nicht beseitigt, es wird nicht in die Zukunft projiziert, es bleibt stumm. Das vorhandene Gebäude, tatsächlich einer der ältesten Barockbauten im Zentrum Berlins, soll ›unterschwellig‹, in der Tiefe, mit diesem neuen Gebäude verbunden werden, jedoch ohne sichtbare Verbindung nach außen hin. Der Erweiterungsbau besitzt keine sichtbare Verbindung zum vorhandenen Gebäude des Berlin Museums. Es handelt sich um eine unterirdische Verbindung, bei der die barocke Treppe in diesem alten Gebäude in ihrer ursprünglichen Lage wiederhergestellt wird, um so die widersprüchliche zeitliche Autonomie der beiden Bauten an der Oberfläche zu bewahren, sie in der Tiefe aber um so enger aneinanderzubinden. Die unterirdische Verbindung ist also dieses archivalische Kreuz des Jüdischen Museums; wenn man hinauskommt, tritt man in ›die Leere‹ ein, die sowohl ein gliederndes Element des Museumsgebäudes als auch ein strukturelles Element des Jüdischen Museums darstellt. Unter-, oberirdisches und ebenerdiges Museum. Es ist, wie Berlin und seine Juden, eine gemeinsame Bürde: eine untragbare Bürde. Nichts, was sie halten könnte. Unmeßbar: Sie läßt sich nicht ermessen. Unteilbar: Sie läßt sich nicht teilen. Dargestellt im Austausch zwischen zwei Architekturen und Formen, die nicht in einem wechselseitigen Verhältnis zueinander stehen, weil sie nicht gegeneinander ausgetauscht werden können.

Das städtebauliche, architektonische und funktionelle Paradoxon dessen, was geschlossen und was offen, was festgefügt und was hinzugefügt, was barock und was modern, was ein Museum und was Amüsement ist, kann meiner Ansicht nach nicht länger mit Hilfe einer Theorie, eines Theoriegebäudes, einer theoretischen Utopie in Einklang gebracht werden. Es kann nicht länger die vermeintliche Stabilität von Institutionen wie etwa Museen, oder gar die von Staat, Macht und Organisation voraussetzen. Vielmehr setzt dieses Paradoxon innerhalb der genannten Dichotomien das Unveränderliche voraus. Gemeint ist die Veränderung, die unmittelbar aus dem herausführt, was wechselnde Standpunkte und feste Meinungen gleichermaßen ausschließen würde.

Nun, dies ist, wie auch immer, der dritte Akt. Weil ich mich für Musik interessiere, zog ich diese Partitur heran und suchte ihre Bedeutung zusammenzufassen. Denn es geht um etwas Einfaches. Es geht um eine gegenseitige Durchdringung. Ich habe diesem Vortrag den Titel ›Between the Lines‹ gegeben, tatsächlich aber geht es um zwei ›Gedankenlinien‹. Der ganze Plan läuft letztlich auf zwei Linien hinaus: die eine gerade, aber in Stücke gebrochen, in Fragmente zerteilt; die andere mehrfach geknickt und zusammengesetzt, sich aber unendlich fortsetzend. Für mich sind dies die zwei Linien der zeitgenössischen Dichotomie. Sie sind die Linien der Differenz, die Linien, die die Spaltung zwischen Glauben und Handeln, zwischen politischer Überzeugung und architektonischer Antwort verursachen. Während sich diese beiden Linien an Hand des begrenzt-unendlichen Gesprächs entwickeln (denn diese Linien haben eine bestimmte Logik), fallen sie zugleich auch auseinander — das heißt, zumindest in meiner Arbeit sowie im Werk der großen Persönlichkeiten, die ich erwähnt habe. Man kann sie nicht zusammenhalten, weil sie auseinanderfallen; sie machen sich vollkommen los. Es gibt keine Möglichkeit, eine Verbindung, eine gegenseitige Verflechtung zwischen den beiden Linien aufrechtzuerhalten. Die Linien

9. Innenstruktur

zeigen sich selbst als getrennt voneinander, so daß sich die Leere, die sich mitten durch das Kontinuierliche hindurchzog, nach außen materialisiert als das, was zerstört wurde, oder vielmehr als der Überrest oder das Residuum autonomer Struktur. Dies nenne ich die ›entäußerte Leere‹. Eine Leere, die selbst entleert wurde. Eine Dekonstruktion, die selbst dekonstruiert wurde. Fragmentierung und Zersplitterung kennzeichnen den Zusammenhang des Ganzen in diesem Unterfangen, denn das Ganze wurde ›demontiert‹, um zugänglich zu werden, sowohl funktional als auch intellektuell.

Ich glaube, die letzten Worte, die unhörbare Musik, die unangemessene Ideologie, die wahnsinnig gewordene Wissenschaft sind alle ›demontiert‹ worden, um von uns verstanden, um intellektuell und geistig begreifbar zu werden. Die auseinandergerissenen Bruchstücke haben nie als Ganzes existiert, weder im idealen noch im realen Berlin. Und ich glaube auch nicht, daß sie sich, in irgendeiner hypothetischen Zukunft, wieder zusammenfügen lassen. Vor allen Dingen stimmt es nicht, daß Berlin so war, wie es durch den Goethe-Mythos, den Schinkel-Mythos, den Mythos der zwanziger Jahre auf uns gekommen ist — es war überhaupt nie so. Es hat nie ein Berlin gegeben, und es wird niemals etwas sein, das in irgendeiner hypothetischen Zukunft wieder zu einer Metropole (oder wie auch immer man es nennen will — die Große Stadt der Zukunft), zusammengefügt werden könnte. Denn die Fragmentierung ist jetzt die räumliche Aufteilung oder der durch diese Geschichte bedingte ›Abstand‹, der nur erfahrbar ist als ein Nichtvorhandensein von Zeit oder als die in der Zeit vollzogene Erfüllung dessen, was nicht länger da ist. Dergestalt ist also das Projekt strukturiert. Erstens geht es um das Nichtvorhandensein von Zeit; und zweitens finden jene Dinge ihre zeitliche Erfüllung, die nicht mehr da sind, sowohl auf der städtebaulichen Ebene wie auch auf der Ebene der Sammlung und des Museumsprogramms. Das Ereignis der Geschichte schlechthin ist der Holocaust.

10. Innenstruktur

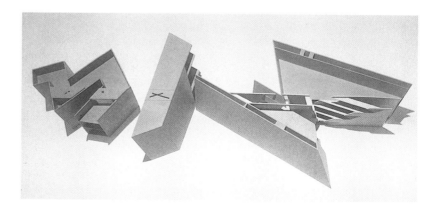

Die Juden konstituieren sozusagen die Avantgarde der Menschheit, die in ihrer eigenen Geschichte zu Asche verbrannt wurde. Müssen wir nicht Nagasaki und Hiroshima im Lichte dieses Avantgardetums sehen, in dem die Menschheit und die Geschichte zusammenzufallen scheinen? Dieses Ereignis der Geschichte mit seinen Konzentrationslagern und der Ausrottung bedeutet meiner Ansicht nach die Auslöschung, schlicht und einfach die Auslöschung, einer bedeutungsvollen Entwicklung der Stadt Berlin — und der Menschheit. Ich möchte nicht nur auf der materiellen Ebene zeigen, daß es eine Auslöschung gibt, sondern auch auf anderen Ebenen, denn sie zerschlägt jeden Ort, während sie zugleich etwas gibt, was keiner zu geben vermag. Eine Gabe von niemandem und für niemanden — die Bewahrung des Opfers; die Opfergabe, die die schützende Nachtwache über nicht vorhandenen Sinn ist. Darin liegt die Aufgabe der Architektur, der Künste und der Wissenschaften. Die Opfergabe einer Nachtwache über Sinn, der nicht da ist, sowie über Sinn, den es vielleicht — keiner weiß es — hätte geben können. Aus der Katastrophe des ›zu spät‹, der Geschichte, erhebt sich das, was früh ist, das Unhistorische. Und dem allzu weit Entfernten entspringt das Nahe. Das ist die Verschränkung, die ich vermitteln wollte.

Thom Mayne

CONNECTED ISOLATION

Sehr geehrte Damen und Herren, Freunde der Architektur,
angesichts des globalen Kontexts, in dem wir leben, fällt es heutzutage
schwer, über Architektur zu sprechen, ohne einige allgemeine Überein-
künfte festzulegen. Daher rührt meine Verpflichtung, mich Ihnen heute
abend vorzustellen und den Versuch zu unternehmen, die für unsere
Arbeit zentralen Fragen zu bestimmen.

Ich erhielt meine Ausbildung in den späten sechziger Jahren, als die
meisten Architekturfakultäten in den Vereinigten Staaten von den Lehr-
sätzen des Utopischen Determinismus und einer einigermaßen dogmati-
schen, eurozentrischen Moderne beherrscht wurden. Es existierte ein
gewaltiges Energiepotential, das uns mit holistischen Visionen auf der
Grundlage von Analyse und Synthese in die Zukunft vorantrieb (wir
planten alle für die Zukunft). Im Mittelpunkt standen infrastrukturelle
Einrichtungen mit ihrem Schwerpunkt auf Programm, Wandel, Flexibi-
lität und Umwelt. Das Ziel war eine generische, neutrale Architektur,
was zu einer reinen Manifestation von Information führte.

Architektur war eine gemeinsam produzierte, soziale Kunst. Es bestand ein stillschweigender, impliziter Antagonismus gegenüber dem
Privaten oder Persönlichen. Darüber hinaus war es eine Zeit großer politischer und sozialer Aktivität. Sie war geprägt von großem Optimismus
im Hinblick auf die kollektiven Ambitionen einer ansonsten pragmati-
schen Gesellschaft, die ihre Wurzeln in der Autonomie des Individuums
und den damit verbundenen Bestimmungen von Freiheit hatte. Viele
von uns teilten diese Ansicht.

Heute ist es unmöglich, innerhalb unserer pluralistischen Welt mit
ihrer chaotischen, unvorhersehbaren und letztlich jenseits menschlicher
Erkenntnis liegenden Realität ein gemeinsames Wertesystem zu bestimmen. Der Zufall wird zum Arbeitsprinzip, der wiederum dem zuneh-
menden Einfluß der Massenmedien und der kollektiven Wirkung von
Entscheidungen unterliegt, die von unseren ökonomischen und politischen Institutionen und den von ihnen verfolgten Abläufen dezentrali-
siert wurden. Die Tendenz geht heute dahin, die Werte zu erhalten, die

1. Kate Mantilini Restaurant,
Planetarium, im Bau, 1986

zur Optimierung der normativen und konsumtiven Aspekte einer Gesellschaft erdacht wurden, die den Bedürfnissen einer Mittelschicht auf der Suche nach ihrer Selbstbestimmung dient. Eines der zentralen Anliegen der heutigen Architektur ist die Frage, ob man unabhängig von den diesem Umfeld inhärenten psychologischen und sozialen Kräften handeln kann, mit dem Wissen, daß ein Nachgeben diesen Kräften gegenüber das Individuum seiner Autorität, seines Verstandes und seiner Geschichte beraubt.

Eine uns unter diesen Umständen verbliebene Zuflucht ist die Welt des privaten Daseins, wobei Privatleben als Geheimnis eines jeden zu verstehen ist, als etwas Wertvolles, die Basis für Originalität. Wir leben dieses Leben zufällig und begreifen es dank unserer eigenen Fähigkeiten — es gehört uns, es ist persönlich. Es bietet uns verschiedene Handlungsmöglichkeiten. Wir befinden uns unser Leben lang am Scheideweg und sind von immerwährender Verwirrung bedroht. José Ortega y Gasset sagte, das Wesen des menschlichen Daseins sei schlicht und einfach die Gefahr. Der Mensch bewege sich ständig am Abgrund, und ob er wolle oder nicht, seine wahre Verpflichtung bestehe darin, die Balance zu bewahren.

Angesichts dieser Lage glaube ich, daß wir jetzt verpflichtet sind, uns zu fragen, welche Gültigkeit die Definition von Architektur als sozialer Kunst hat. Ich glaube, wir müssen uns selbst und unsere Vorstellung von der Welt in ihrer ganzen Komplexität neu hinterfragen. Denn diese Komplexität wird genährt von der Dichte und Fülle an Information und der damit einhergehenden Spezialisierung, die unsere Fähigkeit, Phänomene im Zusammenhang zu verstehen, weiter schmälert. Die Beschleunigung sowie das Ausmaß der Veränderungen (auch der Zeit selbst) im 20. Jahrhundert gestalten die Situation noch komplizierter und unterwerfen unser Leben einem beständigen Wandel. Ein Großteil der zeitgenössischen ›Architektur‹ versucht, sich dieser Situation zu widersetzen, indem sie auf der — wie auch immer gearteten — Vorstellung einer behaglicheren, einheitlicheren Vergangenheit beharrt (man denke an Prinz Charles). Man soll sich sicher und auf vertrautem Boden fühlen. Aber diese Behaglichkeit ignoriert unsere Zukunft und unsere Verantwortung, uns den Fragen unserer Zeit zu stellen. Wir haben keine Wahl, als uns zur Komplexität der Welt und zu den Bedingungen, denen unsere zeitgenössische Gesellschaft unterliegt, zu bekennen.

ÜBER DEN KONTEXT

Los Angeles kann in vieler Hinsicht als Prototyp der zeitgenössischen Metropole gelten. Eine faßbare Stadt ist nicht mehr vorstellbar. Es gibt kein Verständnis des Ganzen, keine selbstverständlichen Grenzen, nur Schichten einer größtenteils nicht wahrnehmbaren Infrastruktur, die ohne zeitliche oder logische Folge in Erscheinung treten. Wenn wir in diesem Umfeld tätig werden, sind wir dazu verpflichtet, grundlegende Fragen über die urbanen, kollektiven Bestrebungen unserer Arbeit zu stellen. Die Last dieser Situation ist unausweichlich, da ihr Ursprung nicht in erster Linie innerhalb der Disziplin, sondern im Programm der Gesellschaft liegt. Uns bleibt keine andere Wahl, als dies zu akzeptieren, es uns anzueignen und letztlich Strategien für unsere Profession zu entwickeln, die eine Symbiose zwischen Arbeit und Öffentlichkeit fördern.

Es gibt andere, eher konzeptionelle Formen des Kontexts, die für uns von Interesse sind. Ich meine zum Beispiel jene bewegungslose Form in Man Rays Dadafilm ›Retour à la raison‹, die durch den in Licht und Schatten gegliederten Torso von Kiki de Montparnasse repräsentiert wird. Hier wurde ein entscheidender Schritt vollzogen, der die Entwicklung einer radikal neuen Auffassung von Welt und Materie ankündigte. Es existiert ein Gefühl des Nebeneinanders zweier dynamischer Körper, die mittels einer Membran durch Licht (Energie) verbunden sind. Beide Bilder haben mit dem Status des Individuums innerhalb eines Bezugssystems zu tun und konzentrieren sich auf die Verbundenheit der Dinge.

Jeder Entwurf, egal in welchem Maßstab, ist ein in einen größeren Zusammenhang eingebettetes Fragment und wird durch diesen Zusammenhang verständlich. Bei unseren frühen Arbeiten — zwei freistehende Nebengebäude in Venice, Kalifornien — interessierte uns die Beziehung zwischen ›Verbindung‹ und ›Autonomie‹. Das *2-4-6-8 Haus* (Abb. 2) bildet den Anfang einer Reihe von quasi landschaftsgebundenen Bauten, die sich die Interpretationen des jeweils vorgefundenen Umfelds als Anregung für die architektonische Formensprache zunutze machen. Als Ausgangspunkt diente ein platonischer Kubus, die Basis des idealen kontingenten Dialogs. Beim *Sedlak Projekt* wiederholen sich die

2. 2-4-6-8 Haus,
Außenbau,
1978—80

meisten dieser Fragen, aber hier kommt eine Arbeitsstrategie zum Einsatz, die die Teile abträgt und versucht, ihrem Wesen nach hybrider zu
werden. Beide Projekte befassen sich mit dem der Architektur inhärenten Monumentcharakter sowie mit ihrer Rolle als Gestalter menschlicher Existenz und unserem Bedürfnis nach Erinnerung.

Beim *Wohnhaus Lawrence* wurden zwei Bautypen einander gegenüber gestellt, um so den von uns erdachten neuen suburbanen Prototyp
hervorzubringen. Wir waren bestrebt, eine Synthese der beiden vorherr-
schenden und für diese kleine kalifornische Küstenstadt charakteristischen Haustypen herzustellen. Am meisten interessierten uns die
physiognomischen Kennzeichen dieser Typen und die Art der Informa-
tionsvermittlung durch ihre architektonische Formensprache, wobei sie
sich die jeweils für ihren Typus normativen Charakteristika zu eigen
machten. Während der Ausführung des Projekts zeigte sich immer deutlicher, daß die buchstäbliche Art, in der wir diese Modelle interpretier-
ten, problematisch war. Der Synthese fehlte die angestrebte Spannung,
die Ausdruck der Interaktion sein sollte.

Der dritte freistehende Studioanbau, das *Wohnhaus Bergren* (Abb. 3),
gestattete uns die Weiterführung unserer Untersuchung, die mit den beiden ersten Häusern in Venice begonnen hatte. Er stellt im besonderen
eine Reaktion auf unsere Kritik des letzten Projekts dar. Ich glaube, daß
es uns hier gelungen ist, unsere Vorstellungen in ein abstrakteres System
umzusetzen . . ., eine ›dicht beschriebene‹ Architektur, die versucht, die
vielfältigen, dichten Strukturen einer heterogenen Gesellschaft widerzu-
spiegeln. Gleichzeitig ist der Bau Teil seines Umfelds und doch isoliert,

kritisch und mißtrauisch der bestehenden Welt gegenüber. Die Deformierungen einer idealisierten Geometrie sind Ausdruck einer gefahrvollen, unvollkommenen Welt. Wir sind immer stärker daran interessiert, die in der Vielfalt unserer Kultur vorhandenen Unterschiede und Widersprüche sichtbar zu machen.

Innerhalb des Kontexts eines Innenraums, wie zum Beispiel bei einem Industriebau in der Innenstadt von Los Angeles, übernehmen Objekte, die an Maschinen und an den Produktionsprozeß erinnern, die verschiedenen in diesem *Ausstellungsraum* (Abb. 4) untergebrachten Funktionen. Durch den Bezug auf die dynamischen Aspekte des Herstellungsprozesses stellen sie einen Dialog mit der dauerhafteren Architektur des bestehenden Gebäudes her. Das Verständnis dieser architektonischen Objekte hinsichtlich des Ortes (Gebäude) schließt andere Objekte (Kleidung) innerhalb der Moduleinheiten ein, die durch die durchsichtige Zwischenwand als jahreszeitlich wechselnde Farben wahrgenommen werden.

Einen wesentlichen Teil unserer Arbeit in Los Angeles stellen die Veränderungen an bereits bestehenden Gebäuden dar. Bei derartigen Projekten können wir unsere Untersuchungen über Verbindung und Gegenüberstellung mit ihren jeweiligen passiven und aktiven Assoziationen weiterführen. Der Bau spricht von seinem Standort und verändert ihn. Das *Kate Mantilini Restaurant* bot uns die Möglichkeit, unser Interesse an der Gestaltung öffentlicher Plätze, die bewußt mehrdeutig definiert sind und deshalb Grenzen und Umfassungen in Frage stellen, weiterzuverfolgen. Wir benutzten den Okulus (ein inneres Planetarium) in diesem Raum als Basis oder Ort für einen architektonischen Apparat, der ein Instrument zum Beobachten und Beschreiben ist, eine Art architektonischer Voyeur (Abb. 1). Die Betonung liegt nicht auf dem Okulus als Lichtquelle für diesen Raum, sondern in seiner Verwendung als Unterbau eines spezifischen Ortes für diesen Mechanismus. Dieses Werk setzt sich aus Fragmenten des Projekts zusammen, das im Begriff ist, das größere Werk zu bilden oder aufzuzeichnen. Das Planetarium befaßt sich mit dem selbstbespiegelnden, selbstbezüglichen Charakter der Architektur. Es ist ein Spiegel, und die wahre Hauptrolle spielt der Betrachter. Die Schlichtheit der vom Tageslicht belebten Umfassungsmauer (Licht stellt das Bindeglied dar) versucht an die generische Natur der Mauer im Laufe der Geschichte zu erinnern und dient als Hintergrund und Kontrapunkt für dieses Werk.

Unter bestimmten Voraussetzungen werden Kontext und Projekt identisch. Das Problem, das sich uns im Falle des *Comprehensive Cancer Center* stellte, bestand in der Erarbeitung einer Entwurfsstrategie, die ein schwieriges, zwischen drei vorhandenen Gebäuden eingekeiltes,

unterirdisches Gelände gliedern und organisieren konnte. Ein System geometrischer Bezüge sowohl ähnlicher als auch verschiedener Art bestimmt die Formensprache eindeutig autonomer Räume. Die Orientierung schafft man sich durch die Wahrnehmung und das Verständnis dieser Einheiten samt ihren besonderen architektonischen Eigenschaften. Die Entwicklung des regionalen Erscheinungsbilds dieses Gebäudes war die Folge einer Verbindung des neuen Gebäudes (mit seinen lichterfüllten, zum Himmel orientierten Räumen) mit den vorhandenen Krankenhausbauten. Die beiden Hauptareale des Gebäudes, der Empfangsbereich und das Chemotherapie-Atrium, wurden als Prämisse für die Gesamtanlage konzipiert und spiegeln die Beziehung des Komplexes zu Erde und Himmel wider. Die Dachflächen oszillieren zwischen Transparenz und Durchleuchtung, wodurch Räume entstehen, die ihrem Charakter nach sowohl als Innen- wie als Außenraum begreifbar sind (Abb. 6). Durch die Entwicklung einer Architektursprache von Licht, Volumen, Maß, Tiefe und Zunahme unterziehen die Abteilungen innerhalb dieses 5000 Quadratmeter großen Komplexes die Grundthemen dieser beiden Räume einer Neuinterpretation.

Der Warteraum dient als Platz für eine *Spielkonstruktion* für Kinder, ein eher konzeptionelles Werk, das sich mit dem Gebäude selbst auseinandersetzt, indem es reale oder imaginäre Fragmente künstlicher oder natürlicher Elemente verwendet (Abb. 5). Das Ganze stellt den Versuch dar, ein Gefühl der Verbindung zur Außenwelt zu vermitteln. Der Mensch kann nur durch seine Verbindung mit den Kräften der Natur Kontakt zu seiner inneren, eher kontemplativen Natur aufnehmen. Das Ziel ist eine Architektur, die den Verstand beschäftigt, den Geist berührt und als Hintergrund für die gegenwärtige Lage des Patienten dient, indem er sich von der Beschäftigung mit sich selbst befreit.

Sämtliche Projekte, von denen ich gesprochen habe, sind mit der Besetzung und Bedeutung ihrer jeweiligen Standorte befaßt sowie mit der Fähigkeit, ihre typischen Merkmale zu nutzen, um eine Basis für die autonomeren Aspekte der Arbeiten zu bilden. Letztendlich ist es dieser mittlere Bereich, zwischen Zusammenhang und Konfrontation, der uns am meisten reizt: ein Bauwerk, das sowohl mit Interaktion als auch mit Isolation zu tun hat.

ÜBER VERFAHRENSWEISE UND AUSFÜHRUNG

Ein zweiter umfassender Komplex, der kontinuierlich unsere Arbeit begleitet, basiert auf den Vorstellungen von Konzeptualisierung und Konstruktion. Denken führt zum Handeln. Wir denken, um Probleme zu lösen, die Handeln erforderlich machen. Die entsprechenden Begriffe innerhalb der Architektur lauten Konzeptualisierung und Ausführung. Das Werk selbst muß schließlich seine Bedeutung und seine Absichten zu verstehen geben. Es muß die Fähigkeit haben, Ideen in Beton zu übersetzen. Die begrifflichen Vorstellungen werden dem Interesse am Vorgang des Bauens und den expressiven Fähigkeiten der Materialien des gebauten Werkes gegenübergestellt. Für uns sind Zeichnungen an die Stelle der herkömmlichen Arbeitsunterlagen getreten. Sie entsprechen eher unserem Interesse an der Komplexität hinter der scheinbaren Einfachheit. Es geht um den Ausdruck einer Reihe klar erkennbarer Teile, die ein kohärentes Ganzes ergeben. Die Technik dient der Architektur. Die Prozesse der Konzeptualisierung und Konstruktion sind von grundlegender Bedeutung für unser Werk. Wert und Präsenz von Materialien, die Erinnerung an Konstruktion und Ausführung und unsere Bestrebungen, die einem Projekt inhärenten Kräfte zu dokumentieren und zu beschreiben, stellen unser Hauptanliegen dar.

Es liegt im Wesen der Architektur, Präsenz zu zeigen, Urheber von Realität zu sein — Backstein und Mörtel, Behausung und Funktion. Uns interessiert die Beziehung von der Konzeption und ihrer Manifestation in substantieller Form. In dieser Form liegt Authentizität. Ein Großteil unserer Wahrnehmung und unseres Verständnisses von Architektur existiert durch die Sinnlichkeit ihrer eigenen Materie. In dieser Sinnlichkeit sind Freude und Schönheit lebendig. Architektur verleiht dieser Realität eine imaginäre Kohärenz, die die Realität natürlich und ewig erscheinen läßt.

Eine der Stärken der Architektur liegt in ihrer Unabhängigkeit von der Realisierung. Zeichnungen können Fragen von Material und Gewicht unsichtbar machen oder außer acht lassen, sie können Einsicht

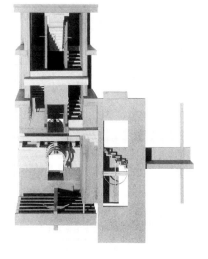

7. *Was Haus,*
Modellfragment,
1988

8. *Politix (Einzel-*
handelsgeschäft),
Portland,
Raummodulator,
1990

in das Unerreichbare gewähren. Sie sind darüber hinaus um so vieles privater, man kann sie besitzen, sie auf ganz andere Weise als das Werk selbst bewohnen. Zeichnungen können Ausdruck von Widerstand gegen unsere dualistischen Tendenzen sein, indem sie Intuition und Ratio miteinander vereinen.

Wir entwerfen weiterhin Fragmente oder Strukturen von Projekten, die durch eine gemeinsame Bestimmung oder Absicht miteinander verbunden sind (Abb. 7). Diese Vorgehensweise weist uns den Weg zu Konzepten, die uns ein einzelnes Werk als Sammlung verschiedener, aus sich selbst heraus entstandener, autonomer Zentren sehen lassen. Jedes verkörpert eine Teilsicht der Realität; der Teil wird als unfertig begriffen mit einer impliziten Konnotation der Zukunft beziehungsweise einer möglichen Zukunft.

Vorstellungen, die mit Transparenz zu tun haben, gehören zu den wichtigsten Besonderheiten unserer Zeit. Wenn man ein Photogramm als graphische Darstellung der Lichtbewegung versteht, die in Schattierungen von Schwarz, Weiß und Grau übersetzt ist, kann das zu einem neuen Verständnis von Typen räumlicher Beziehungen und räumlicher Darstellung führen. Es vermittelt gleichzeitig Kenntnisse über das Innere wie das Äußere, den Anblick eines opaken Körpers, seines Umrisses, aber auch seiner inneren Struktur. Ein Videobild der vierten Generation eines von mir entworfenen Tisches hat mit Potential zu tun. Es verzeichnet Änderung und Bewegung und die trügerische Erscheinung — was wir nicht sehen.

Der *Raummodulator* (Abb. 8) intensiviert die atmosphärische Qualität des Raumes, während er die Art, in der Raum gebildet und wahrgenommen wird, entmaterialisiert.

Der Einsatz von Modellen und Zeichnungen als Arbeitshilfen kann sowohl die konzeptionellen Kräfte beschreiben, die das Werk formen, als auch die Arbeitsabläufe, denen es unterzogen wird. Sowohl die Zeichnung als auch das Modell (in einem Fall eine Simulation, im anderen ein ausgeführtes Modell) vergrößern jeweils Unregelmäßigkeit, Fluktuation und Instabilität.

Unsere Arbeit mit kleinformatigen Objekten steuert Ideen zu den Architekturprojekten bei, besonders auf einer sekundären oder tertiären Ebene. Die meisten dieser Objekte benutzen den menschlichen Körper (oder den von Lebewesen – 98% unserer Gene entsprechen denen von Schimpansen) als Bezugspunkt und werden als Erweiterungen des Körpers angesehen. Sie sind unbestimmbar prothetisch oder symbiotisch und haben sämtliche physiognomischen Merkmale mit Säugetieren gemein. Ein solches Objekt ist zum Beispiel eine *Wächterlampe*, eigentlich eine ›Bellender-Hund-Lampe‹, der zu ewiger Wiederholung verdammte Sisyphus. Auf Bewegung und Ton reagierende Sensoren aktivieren Zunge und Kiefer. Der Blechbehälter (Körper) enthält das Licht (Energie).

Ein anderes Objekt, ein Stuhl – halb regelrechter Stuhl, halb gefundenes Objekt –, reagiert auf Gewicht. Unsere Arbeit mit diesen Objekten überbrückt die Zeitspanne zwischen Idee und Ausführung; sie hat uns gezwungen, unser Wissen über die der Herstellung inhärenten Prozesse zu verbessern und zu erweitern. Auf dieser Ebene hat sie mit Architektur zu tun.

ZU EINER ARCHITEKTUR DER ›CONNECTED ISOLATION‹

Unser Interesse an der Nutzung der Grundstückssituation als Impuls für die formale Gestaltung der Arbeit läuft parallel zu einem Interesse an einer von ihrer Umgebung unabhängigen und losgelösten Innenarchitektur, die einen Gegenpol zur Willkürlichkeit der Stadt bietet. Die rigidere innere Ordnung des Venice Studio Projektes stellt eine Folge der räumlichen Verhältnisse innerhalb des Lawrence Hauses dar.

Das Venice III Studio (s. Abb. 3) – das letzte unserer Serie von ›Gebäuden, die kleine Kinder erschrecken‹ – verfolgt eine Strategie, bei der ein abgeschiedener, idealisierter Innenraum mit einem Außenbau kombiniert wird, der sich die Widersprüche zunutze macht, die auf der Eigenart der jeweiligen Grundstücksbeschaffenheit beruhen. Drei sich wiederholende Licht/Raum-Abschnitte bilden den Kern des Gebäudes

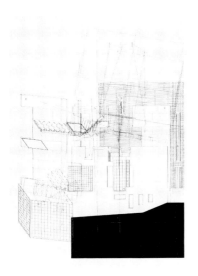

9. Sixth Street
Haus, Zeichnung,
1988

10. Higashi Azabu
Turm, Tokio,
Modell, 1988

und begründen den Vorrang dieser privaten Räume und ihrer Verbindungen zwischen Erde und Himmel.

Für mich ist natürliches Licht das komplexeste und bedeutungsvollste Licht überhaupt. Weil es dynamisch ist, von uns Menschen gleich empfunden wird und dem Rhythmus unseres eigenen Körpers entspricht. Jeder dieser platonischen Körper entwickelt bei der Übernahme von Funktionen spezifische architektonische Eigenschaften. Die beiden Hauptinnenräume sind leer — offen für das Licht. Sie stellen die Vorstellung des festliegenden Zentrums in Frage.

Die Verbindung bzw. Öffnung zum Himmel wird in zahlreichen unserer Arbeiten dazu benutzt, die innere Struktur sowie die Horizontlosigkeit des Geländes zu schaffen und zu klären. Die verschiedenartigen Öffnungen zeigen die Absichten der Räume, die gleichzeitig mit dem bestehenden Bauwerk Verbindung aufnehmen und sich von ihm lösen. Das den Raum durchflutende Licht macht den Willen der Architektur unsichtbar. Ein relativ komplexer Raum wird durch seine Interaktion mit der Sonne noch dynamischer gemacht.

Ich glaube, daß das Projekt ›Sixth Street‹ unsere Intentionen bei den früheren Arbeiten am besten zusammenfaßt (Abb. 9). Ein einziger Innenraum ist die Folge einer Implosion der ihn umgebenden Flächen (sowohl in der Tiefe als auch volumetrisch). Ihre Formgebung reagiert auf die spezifischen Gegebenheiten des Grundstücks. Unser fundamentales Interesse an Struktur, Nutzung, Haltbarkeit und Ordnung ist gegenwärtig. Wir sind interessiert an der Koexistenz von Fragmenten, die eine unerwartete Harmonie in einer Art von Architektur ergeben, die es einem ermöglicht, sich in der Welt heimisch zu fühlen, ohne deswegen selbstzufrieden zu werden. Wir arbeiten weiterhin an den der Strategie inhärenten Spannungen und Widersprüchen.

Irgendwann begannen wir, an maschinenartigen Objekten zu arbeiten. Diese Idee entstand aus unserem Interesse am Verfall der Materialien. Diese Elemente wurden als Ruinenfragmente konzipiert, die an sich schon die Eitelkeit der Architektur und die Macht der Natur widerspiegeln. Robert Smithson spricht davon, Verfall sei in jeglichem Wachstum implizit enthalten, bei dem die Zukunft in Vergangenheit umschlägt. Bei diesem Umkehrprozeß verfallen Bauten nicht zu Ruinen, nachdem sie erbaut wurden, sondern sie erheben sich bereits als Ruinen, ehe sie erbaut werden. Es ist ein Verfahren, das uns ermöglicht, uns von der Zeit zu befreien. Es gibt einen Aspekt dieses Ansatzes, der mit der Vorstellung von Wert übereinstimmt — Wert, der in unserer Gesellschaft die Kostbarkeit der Materialien mit der Bedeutung der Architektur gleichsetzt. Ein solches Bauwerk negiert diese Gleichsetzung, indem es verbrauchte, ausrangierte Materialien verwendet.

Die städtebaulichen Ziele, die ein so bedeutender Teil der Wohnhausprojekte waren, bildeten die Grundlage für unsere großformatigeren Arbeiten. Ebenso wie seine Vorgänger ist das *Higashi Azabu Gebäude* (Abb. 10) von der Stadt geformt, gleichzeitig ist es aber bestrebt, sie zu ändern, indem es einen konkreten Rahmen vorgibt, der die Spannung zwischen der Stadt als Ganzem und ihren wesentlichen Bestandteilen betont.

Dieser Bau steht auf einem schmalen Eckgrundstück im Zentrum von Tokio und enthält ein Restaurant, eine Galerie und Büroräume. Das Restaurant liegt im Souterrain und ist von den beiden Hauptstraßen aus einsehbar; man erreicht es über eine Treppe an der inneren Grundstücksgrenze. Die Galerie befindet sich auf Straßenniveau und besteht aus einem zwei Geschosse umfassenden Raum mit Oberlicht sowie einem Mezzaningeschoß für Nebenräume. In den übrigen sechs Geschossen liegen Büroräume; den Abschluß bildet ein gläsernes Penthouse.

Die Schlankheit des Gebäudes wird durch eine Reihe massiger Flächen stark betont. Man nimmt die entstehende Konfiguration als Folge mehrdeutiger Abschlüsse oder Begrenzungen zu dem verbindenden Stadtblock hin wahr; sie bildet die Basis der funktionalen Gliederung. Ein Bruch im Querschnitt des Gebäudes, der die Längsschichtung wiederholt, ergibt den Eingangsraum und ordnet die vertikalen Gliederungssysteme den beigeordneten Volumina zu.

Unser Wettbewerbsbeitrag für den Anbau der *Amerika Gedenkbibliothek* in Berlin ist als Teil eines städtebaulichen Ensembles konzipiert, das die historische Bedeutung dieser Lage berücksichtigt. Unser Vorschlag sieht die Errichtung einer Bibliothek vor, die sowohl als Einzelobjekt als auch in bezug auf den Standort gesehen werden kann (Abb. 11). Die Plazierung des neuen Komplexes soll die ursprüngliche architektonische Absicht gleichzeitig verstärken und neu interpretieren. Unser Projekt schlägt eine Wachstumsstrategie vor, die vielfältige Lesarten des endgültigen Bauwerks zuläßt.

Das Konzept entwickelt sich, ausgehend von einem zweigeteilten Kernbereich, nach außen hin zur Besonderheit und Eigenart von Ort und Programm. Der Kernbereich setzt sich aus Masse — dem öffentlichen Hauptlesesaal und dem Magazin — und Lücke — dem Eingangshof — zusammen, der auf die ›Kraft‹ der Achse Friedrichstraße antwortet und dabei die historische Kontinuität gleichzeitig wahrt und verneint. Wir waren bei unserer Lösung bestrebt, die Isolation der verschiedenen Teile zu überwinden und zwischen ihnen ein spürbares Gefühl von gegenseitiger Abhängigkeit und Interaktion entstehen zu lassen, ohne jedoch die Identität der verschiedenen Rollen zu unterdrücken. Es besteht eine direkte Beziehung zwischen den städtebaulichen Absichten und der internen Funktionsweise des neuen Komplexes. Der vorgesehene Anbau wird eine Architektur sein, die dem Besucher das Verständnis des Standortes erleichtert und die Wahlmöglichkeiten seiner Wegeführung vergrößert. Das neue Wegesystem für Fußgänger verläuft linear und im rechten Winkel zur Achse Friedrichstraße. Es ist so angelegt, daß es auf den formalen Abschluß des Hofes verweist.

Der vorhandene Park wird durch Fragmente alten und neuen Ursprungs ergänzt: historische Zeichen und das neue Projekt. Das Kernstück besteht aus einer Arkade von Bäumen — eine Anleihe und Wiederaufnahme der symmetrischen Form der ursprünglichen Bibliothek —, die eine Orientierung geben und auf die physische und soziale Nachbarschaft der Kirche verweisen soll. Die Bäume erweitern die Geometrie der Kinderbücherei, die sich direkt im Park befindet. Die Anordnung früher vorhandener Straßenblöcke wird durch Wege markiert, während Fragmente des neuen Gebäudes Plätze schaffen; beide Maßnahmen sollen dazu beitragen, den Park als Übergang oder Zwischenbereich erscheinen zu lassen.

DIFFERENZIERTE WIEDERHOLUNG

Der Auftrag zum *Wohnhaus Crawford* ermöglichte es uns, unser Interesse an einer Architektur weiterzuverfolgen, die sich einem ländlichen Kontext anpaßt. Das Projekt setzt drei Ordnungssysteme in Beziehung zueinander, die das Gelände in drei Größenordnungen einteilen. An erster Stelle steht das Hauptraster, das die globalen Beziehungen repräsentiert; beim zweiten Raster handelt es sich um eine Folge linearer Ver-

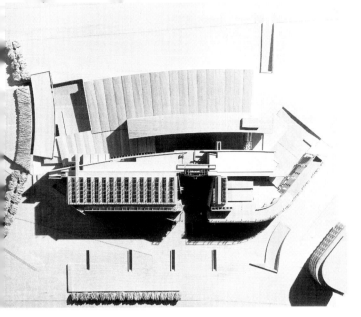

11. Amerika
Gedenkbibliothek,
Modell, 1988

12. Wohnhaus
Crawford,
Modell, Aufsicht
auf Lageplan,
1988–90

läufe, die im rechten Winkel zur Hauptblickachse stehen und damit auf eine Besonderheit des Geländes reagieren. Das Kernstück dieses Systems geht von einer Reihe sich wiederholender Lichtmonitore aus, von denen jeder ein obeliskartiges Element enthält. Das dritte System besteht aus Fragmenten einer kreisförmigen Mauer, die idealisierte Vorstellungen von Einfriedungen bilden (Abb. 12).

Bodenmarkierungen gaben dem Wohnhaus Crawford Rhythmus und Proportion. Die Strenge der Mathematik verbindet sich mit der Willkür der menschlichen Natur. Die systematischeren Elemente des Projekts bilden den Hintergrund für unvorhergesehene Ereignisse und die Ausbeutung des Zufalls. Es besteht ein Zusammenhang zwischen dem Beharren auf Wiederholung und der Vorstellung des gleichzeitigen Verstehens, der Vision in Bewegung. Eine Folge isolierter Phänomene schließt sich zu einem kohärenten Ganzen zusammen. Zeit und Bewegung werden zum Gegenstand visueller Analyse. Das System der vielfachen Wiederholung bezieht sich auf diese Art der Kohärenz. Die Verwendung mehrerer Objekte wertet die Zwischenräume auf.

Das Projekt beschäftigt sich mit einer Reihe additiver oder subtraktiver ebenerdiger Eingriffe. Außenräume schaffen Übergang und Verbindung zum Gesamtgelände und überwinden Grenzen zwischen dem Natürlichen und dem von Menschen Geschaffenen. Der Eingang markiert einen der zentralen Punkte des Geländes und stellt die visuelle Verbindung zum etwa 800 Meter vom Grundstück entfernten Ozean her. Wir erheben Anpruch auf sämtliche Vorzüge des Geländes.

Unser laufendes Interesse an der Umwelt beruht auf der uralten Dichotomie von Mensch versus Natur. Bisher versuchte die Gesellschaft, den Streit durch eine Reihe von Waffenstillstandsvereinbarungen zu schlichten — entweder wurden große Überreste von Wildnis in einem Stadium imaginärer Unschuld beschlagnahmt oder die Methoden eingeschränkt, mit denen der Mensch die imaginäre Wildheit der Natur zähmt. Wir müssen damit beginnen, über Mensch *und* Natur zu sprechen, nicht über Mensch gegen Natur.

Mit unserem *Chiba Golfclub* Projekt in Japan verfolgten wir zahlreiche Ideen des vorigen Projekts weiter, aber in einer abstrakteren Sprache und in vergrößertem Maßstab; wir versuchten dabei, den traditionellen Konflikt durch Integration zu lösen. Durch die ortsspezifische Strategie wird die Kraft der Architektur zur Besetzung und Umformung von Raum unterstrichen. Architektur und Landschaft sind untrennbar miteinander verbunden. Der Vorschlag macht sich als Teil der übergreifenden Frage der Verbindung von Mensch und Natur eine Strategie der Wiederholung zunutze. Wiederholung impliziert die Absage an die Übermacht des Objekts. Der Schwerpunkt liegt jetzt auf dem Zwischenraum. Indem wir einzelne Elemente miteinander verbinden, ohne Wert auf einen Abschluß zu legen, überwinden wir die Vorstellung eines ganz bestimmten Zentrums und unterminieren weiterhin jegliche fixe Vorstellung von einem Objekt (Abb. 13).

Beim Wohnhaus Crawford bildeten Raum und Licht den Ausgangspunkt für eine nach außen drängende Anlage (s. Abb. 12). Beim Chiba Projekt liefern sie eine nach innen gerichtete Lösung oder den Endpunkt von zwei das Grundstück von außen schließenden Mauern. Sie wenden sich darüber hinaus einer unterirdischen Gegebenheit zu, die sowohl die Schnittstelle von Boden und Himmel als auch den privaten Charakter

13. Golfclub bei der Präfektur von Chiba, Modell, seit 1988

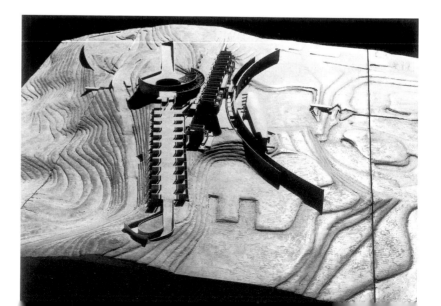

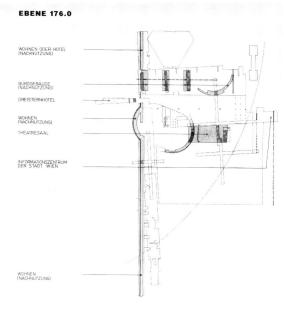

WOHNEN ODER HOTEL
(NACHNUTZUNG)

BÜROGEBÄUDE
(NACHNUTZUNG)

DREISTERNHOTEL

WOHNEN
(NACHNUTZUNG)

THEATRESAAL

INFORMATIONSZENTRUM
DER STADT WIEN

WOHNEN
(NACHNUTZUNG)

14. Golfclub bei der Präfektur von Chiba, Modell, Schnitt durch das Restaurant, seit 1988

15. Wien Expo '95, Lageplan, 1990

der Innenräume weitgehend ausnutzt. Die Abmessungen der Lichträume sind jetzt weit größer. Jeder Raum gleicht einerseits den übrigen und ist andererseits spezifisch für seinen unmittelbaren Standort. Beabsichtigt ist, das System der Lichtöffnungen als Hintergrund und vereinenden Rahmen für eine höchst differenzierte Reihe spezifischer Bedingungen zu nutzen (Abb. 14). Dadurch entsteht eine Spannung zwischen Wiederholung und topographischen Gegebenheiten.

SYSTEMATISCHES UND CHARAKTERISTISCHES

Das Projekt für die *Expo '95* in Wien stellt eine Synthese unserer Arbeit dar, die versucht, Architektur und Landschaft miteinander zu verbinden, wobei wir uns interagierender Organisationssysteme bedienen. Uns interessierte besonders die Differenzierung der Gegebenheiten des Geländes, wie sie sich im Wien des ausgehenden 20. Jahrhunderts manifestieren. Das Gelände stellt das Ergebnis temporärer Ansammlungen von Raum und Objekten dar, eine Sequenz, an der wir jetzt die Gelegenheit zur Teilnahme erhielten. Das Projekt verwirft die Aufteilung der Stadt im Sinne differenzierter, generischer Funktionen wie Wohnen, Arbeiten, Freizeit, Verkehrsmittel mit ihren rigiden Bezirksabteilungen. Es stellt die Vorstellung in Frage, derzufolge jedem programmatischen Typus ein gleichartiger Formtypus entspricht.

Der neue Lageplan besteht aus drei Hauptelementen: 1. einer Grundstruktur, 2. einer Reihe autonomer Konstruktionen und 3. verschiedenen unterstützenden Elementen sowie Infrastruktur für Verkehrsmittel (Abb. 15). Die Grundstruktur ist der ›Behälter‹, der die Grenzen unseres Vorschlags umreißt. Es ist eine Art abstrakte, dreidimensionale Landkarte, die die verschiedenen, für dieses Gelände spezifischen, charakteristischen Informationsebenen dokumentiert und versucht, seine Dichte zu steigern. Die darin enthaltene gekrümmte Oberfläche mit ihrer unregelmäßigen Umrandung ist selbst ein Fragment, ein Fragment innerhalb einer größeren Zerstückelung, abgelöst vom Ganzen, das gleichzeitig Teil seines Kontexts ist (Abb. 16). Die Oberfläche dieser Konstruktion bildet einen großen öffentlichen Platz, der das Ufer der Donau mit dem Inneren des Geländes (Bau der Vereinten Nationen) verbindet. Die Manipulation dieser Geländeumfassung erzeugt eine Reihe kontrollierter Zufälle, die Sprünge oder Zwischenräume zur Folge haben, wo stärker gelenkte öffentliche Aktivitäten stattfinden. Die Grundstruktur umfaßt eine Vielzahl von Funktionen, darunter Wohnungen sowie kommerzielle und institutionelle Nutzungen.

Die Objektstrukturen ergeben sich aus einer Erweiterung der Systeminteraktionen, die die Grundbebauung bildeten. Durch die Art ihrer Plazierung fällt den isolierten Gebäuden eine stärker normative und hierarchische Rolle zu. Die Wechselbeziehungen zwischen freistehenden Hoch-und Grundbauten ermöglichte uns eine optische Verkleinerung des Gesamtkomplexes sowie die Schaffung einer Reihe öffentlicher Plätze, die den Fußgängercharakter verstärken.

Das Planungskonzept stellt eine Strategie für die künftige Expo '95 vor, die flexibel ist und eine Vielzahl von endgültigen programmatischen Strukturen aufnehmen soll. Das Konzept komprimiert die gebauten Teile während der laufenden Ausstellung auf das Areal der in die Landschaft eingepaßten Gebäude und Brücke (ein linearer kultureller Querschnitt), die auch künftig die Nutzung der Insel und des Donauufers für Erholungszwecke ermöglichen. Das allgemeine Konzept versteht die Infrastruktur der Expo '95 als Ausgangspunkt und Kernstück eines neuen Stadtviertels. Es gibt drei wesentliche Umgestaltungskategorien, die in der zweiten Phase vonstatten gehen sollen: 1. Elemente, die mit nur geringfügigen Änderungen bestehen bleiben; dazu zählen Parkplätze, Ausstellungsraum, Theater, Serviceeinrichtungen, kommerzielle Elemente und neue Verkehrsmittel sowie der Hotelkomplex. 2. Elemente für die Expo, die für eine andere Nachnutzung umgestaltet werden, darunter fallen einige Verkaufs-, Unterhaltungs- und Serviceräume innerhalb der Infrastruktur. 3. Neue Elemente, die das Gelände für die Zeit nach der Expo umwandeln, darunter Büros, zusätzliche kommerzielle Einrichtungen sowie Wohnungen.

Letztendlich geht es in Wien um eine mathematische und geometrische Beschreibung natürlicher und von Menschen geschaffener Vorgaben. Es gibt kein Gleichgewicht, die Systeme werden assimiliert, um den Ausdruck einer Reihe höchst differenzierter isolierter Strukturen zu ermöglichen.

DIE ›VERHÜTUNG VON BLINDHEIT‹

In dieser kurzen Vorstellung unserer Arbeit habe ich versucht, Sie so gut wie möglich mit meinen Anliegen und Absichten als Architekt vertraut zu machen. Ich halte an der Ansicht fest, daß die Architektur sich nicht einer aktiven Teilnahme an den Fragen und Bedingungen unserer zeitgenössischen Gesellschaft entziehen kann. Wir können bei diesen Fragen, seien sie sozialer, ethischer, kultureller, technischer oder ökologischer Art, weder beiseite stehen, noch stehen wir über ihnen, denn nur durch unsere Teilnahme können wir bedeutsame Themen für unser Fachgebiet finden. Nachdem wir dies zugestanden haben, ist es allerdings ebenso einleuchtend, daß wir nicht den Gegenstand mit der Tat verwechseln dürfen. Architektur spiegelt Denken wider — aber für uns gilt dies auch umgekehrt. Architektur bietet eine besondere Art, die Dinge zu sehen und über sie zu sprechen. Mir ist es wichtig, daß der Charakter dieser Sprache offen und konzeptorientiert bleibt — daß sie nicht die Untersuchung ersetzt und daß sie fähig bleibt, sich den spezifischen Aspekten des jeweiligen Projekts anzupassen. Ich möchte mit einem Gedanken aus Nelson Goodmans ›Mind and Other Matters‹ schließen: Architektur muß als Institution zur Verhütung von Blindheit fungieren — sie muß uns lehren zu sehen, genau hinzuschauen, sie muß die Wahrnehmung schärfen, die visuelle Intelligenz steigern, die Perspektiven erweitern, neue Verbindungen und Kontraste hervorbringen, unsere Erfahrungen organisieren und umorganisieren und dadurch unsere Welt gestalten und umgestalten.

Ich danke Ihnen.

Jean Nouvel

PROJEKTE, WETTBEWERBE, BAUTEN
1980 — 1990

Guten Abend, ich freue mich, hier in Wien zu sein.

Zu Beginn möchte ich Ihnen kurz die Arbeitsweise meines Büros erläutern und Ihnen anschließend anhand einiger Dias in allgemeiner Form zuerst relativ alte Projekte, deren Realisierung etwa zehn Jahre zurückliegt, und dann mehr im Detail drei oder vier Bauten, die erst in jüngster Zeit entstanden sind, präsentieren.

Sprechen wir zunächst ein wenig über die Architektur in Frankreich. Vor fünfzehn oder zwanzig Jahren herrschten in Frankreich zwei Hauptströmungen vor, die auch heute noch präsent und lebendig sind. Erstens die Nachfolgerin der Bewegung der Moderne von Le Corbusier, die sich hauptsächlich durch die großen Wohnsiedlungen der Vorstädte manifestierte, und zweitens die historisierende traditionelle Richtung, deren Vertreter sich selbst bald als ›Erneuerer‹ der europäischen Stadt‹ bezeichneten.

Als junger Architekt, der ich damals war, erkannte ich mich, so viel kann gesagt werden, weder in der einen noch in der anderen Tendenz. Folglich mußte ich mir meinen eigenen Bereich schaffen, eine nicht ganz einfache Aufgabe, denn ich mußte meine Ideen irgendwie verständlich machen. Ich sprach daher mit einigen Freunden. Aber die Vertreter der Moderne hatten vergessen, was Moderne bedeutete: Sie wußten nicht mehr, was ein freier Grundriß, was ein Stützpfeiler, ein Fensterband war. Was blieb also noch übrig? Übrig blieben die typischen Quader mit ein paar kleinen viereckigen Fenstern, winzige, extrem traditionelle Wohnungen, die in ganz Frankreich immer und immer wieder nach dem gleichen Muster hergestellt wurden. Das waren also die Vertreter der Moderne ...

Und auch die andere Richtung ... war einfach grauenhaft. Diese entsetzliche Architektur setzte sich durch und gedieh, da die französischen Politiker jedes Wagnis im Bereich der Architektur zu vermeiden suchten, prächtig. Weil die moderne Architektur nicht gefiel, verlangte man eine Architektur, die nicht auffiel. In Paris entstanden in dieser Zeit so-

---

1. Der Turm der Unendlichkeit, La Défense, Paris, 1989,
Jean Nouvel, Emmanuel Cattani et associés

genannte ›Pariser Wohnhäuser‹, das heißt, kleine weiße Häuser mit kleinen Arkaden.

Diese Situation führte bei mir und einigen Freunden zu einer bestimmten Haltung, die wenig später konkrete Form annehmen sollte: ›Le Mouvement Mars 1976‹ (Bewegung März 1976) bezog Stellung gegen die Art und Weise, wie Städte gebaut wurden, und forderte ein spezielles Herangehen an städtische Bauvorhaben. Dies führte 1979 auch zur Bildung eines internationalen Beratungsgremiums für die städtebauliche Planung des ›Pariser Hallen-Viertels‹, das sich dem Chirac-Plan zu widersetzen suchte, dieser unbeschreiblichen architektonischen Katastrophe, die heute leider Realität geworden ist: Häuser im Pseudo-Pariser Stil umgeben einen ›melting pot‹ von ausgesuchter Häßlichkeit. Diese Haltung und meine Stellungnahmen verliehen mir das Image eines Rebellen, ein Image, das mir auch heute noch anhaftet.

In diesem Zusammenhang muß ich, zum besseren Verständnis meiner Haltung, auch kurz auf die Ecole des Beaux-Arts eingehen, deren deformierende Lehre mich zutiefst geprägt hat. Dies betrifft insbesondere den Bereich der Entwürfe und Pläne. Ich werde Ihnen ein Beispiel geben. Wenn man in Klausur ging[1], um innerhalb von 12 oder 18 Stunden ein Projekt zu erarbeiten, so erschienen viele Studenten mit vorgezeichneten Plänen, die sie dann nur abpausten. Die Folge für mich war, daß ich den schönen, aber bedeutungslosen Plänen immer mißtraute und überdies der erste Student der Ecole des Beaux-Arts vor 1968 war, der eine getippte Projektbeschreibung in der Größe von 21 x 29,7 cm, die keine einzige Zeichnung enthielt, abgab. Das war natürlich eine Provokation, schlug wie eine kleine Bombe ein, und meine Arbeit wurde daher nicht ihrem wahren Wert entsprechend gewürdigt.

Das letzte Element in diesem historischen Rückblick: Das Jahr 1968. Die soziologischen und sozialen Aspekte gewannen die Oberhand. Es war die Zeit der engagierten Architektur. Man befaßte sich mit den Bewohnern, mit den Bedürfnissen der Gesellschaft und der Öffentlichkeit. Ich habe mich an alledem beteiligt. Meine Erfahrungen waren in manchen Bereichen sehr weitreichend, vor allem bei der Ville Nouvelle in Cergy-Pontoise, wo wir auf den Markt und in die Betriebskantinen gingen, um die Familien aufzusuchen, für die wir gebaut hatten. Ich erinnere mich gerne an diese Zeit und verdanke ihr viele Erfahrungen, ja ich würde sogar sagen, eine bestimmte Geisteshaltung. Dies betrifft insbesondere die Bürgerbefragung, die, wird sie nicht unter bestimmten Bedingungen durchgeführt, Demagogie ist ...

Warum erzähle ich Ihnen das alles? Um Ihnen eine gewisse Einstellung verständlich zu machen, die anfänglich sicher eine Reaktion gegen bestimmte Zusammenhänge und existierende Zwänge war. Wir versuch-

[1] Bei bestimmten Architekturprüfungen, allen voran bei der Prüfung zum Prix de Rome, wird der Kandidat für einen bestimmten Zeitraum in einem Raum eingeschlossen, wo er seine Prüfungsarbeit anzufertigen hat (Anm. d. Übers.).

ten, diese Reaktion positiv zu gestalten, denn letztlich genügt es nicht, gegen etwas zu sein, man muß auch für etwas sein. Der Leitfaden meiner Arbeit ist eine Reaktion gegen all die modernistischen oder historisierenden Lösungsvorschläge. Anfänglich richtete sie sich gegen die internationale Architektur, das heißt, meine Architektur ist dem Begriff der Identität verpflichtet. Damit will ich ausdrücken, daß jede Frage nach einer individuellen Antwort verlangt. Ich versuche daher, jedes Mal alle jene Gründe zu finden, die mich veranlassen, an einem bestimmten Ort, zu einem bestimmten Zeitpunkt, mit bestimmten Menschen so und nicht anders zu bauen.

Daraus entstanden sehr unterschiedliche Projekte, was meine Gegner unverzüglich dazu veranlaßte, mich als Eklektiker zu bezeichnen ... Dies war zugegebenermaßen eine ziemlich gefährliche Haltung, bedeutete sie doch die Ablehnung des Stilbegriffs, der für gewöhnlich dem Künstler und dem Architekten zugestanden wird, der sich eine bestimmte Sprache zu eigen macht, sie wiederholt und immer die gleichen Materialien sowie das gleiche Formenvokabular benützt. Kurzum, der Begriff der Kontextualität führte mich zu sehr unterschiedlichen Projekten.

Ich interessiere mich für verschiedene kontextuelle Gegebenheiten. Da ist zuerst, wie bereits erwähnt, der historische Kontext. Ich liebe Geschichte, und weil ich dies tue, lehne ich jede Ersatz-Geschichte ab. Eine neugotische Kirche wird niemals die Perfektion einer gotischen Kathedrale erreichen! Das heißt, daß dieser Kontext, dieses Bewußtsein des Jetzt und Heute, dessen, was man im Rahmen des heutigen Kultur- und Bewußtseinspotentials realisieren kann, den Ausgangspunkt meiner Arbeit bildet.

Der zweite und sehr wichtige Bereich ist der menschliche. Dies betrifft sowohl die Ausarbeitung eines Projekts im Büro als auch das Verhältnis zu den anderen Partnern, allen voran den Kunden und dann jenen Menschen im näheren Umfeld, die das Projekt bewilligen ... Denn man darf nicht vergessen, daß die Architektur heute der einzige Bereich der Kultur ist, der einer öffentlichen Bewertung ausgesetzt wird. Ich nehme an, daß das in Österreich nicht anders ist. Es genügt, daß ein Projekt einem Inspektor nicht gefällt, und schon wird es abgelehnt. Das heißt, zu den Menschen, die das Umfeld bilden, gehören die Inspektoren, die Beamten und die Unternehmer. Ich glaube also, daß ein Bauwerk auch durch die Menschen, die mit ihm zu tun haben, beeinflußt wird.

Und natürlich der geographische und ökonomische Kontext. Ich gehöre nicht wirklich zu den Anhängern des wiedererwachten Regionalismus, glaube aber doch, daß man gewisse Merkmale, in bezug auf örtliches Know-how, Techniken, die mit der kulturellen Einstellung bestimmter Städte, oder mit Materialien, dem Klima etc. verbunden sind, berücksichtigen sollte. Und ich schenke diesen Aspekten besondere Aufmerksamkeit.

Und dann ist da noch der kulturelle Kontext, den ich vor allem ›theoretisch‹ für wichtig erachte. Man darf nicht davon ausgehen, daß die Architektur ein autonomes Fachgebiet ist. In diesem Bereich widersetze ich mich in Frankreich etlichen Leuten, vor allem Professoren — die Herren Huet und Ciriani sind wohl auch international bekannt —, denn ich glaube nicht, daß es genügt, die Geschichte der Architektur zu studieren. Das heißt nicht, daß man sie nicht studieren sollte, aber der Schlüssel zur zeitgenössischen Architektur findet sich nicht im Testament von Ledoux oder Alberti. Die Architektur steht in direktem Bezug zur gelebten Kultur. Architektur machen heißt, in das Gebaute die Wertvorstellungen einer Zivilisation einbringen. Dafür muß man diese Zivilisation begreifen, mit ihr leben. Die Architektur steht somit in einer ständigen Wechselwirkung mit der gelebten Kultur, mit der bildenden Kunst, der technischen, wissenschaftlichen und medizinischen Forschung, und ganz allgemein mit allen Bereichen der Produktion von Bildern. Denn, ob man es nun will oder nicht, Architektur ist in erster Linie Bild. Man wird sich ihrer durch das Auge bewußt, und ein Architekt wird unweigerlich von neu auftauchenden Formen, durch neue ästhetische Auffassungen, selbst wenn er sie ablehnt, beeinflußt ... Unbewußt nimmt er sie auf, das Bild setzt sich, ob man es will oder nicht, im Bewußtsein und im Gedächtnis fest, selbst dann, wenn es später verarbeitet wird. Und das, glaube ich, sollte man nicht vergessen.

Für mich ist die Moderne kein historischer Begriff, der sich auf die Bewegung der Moderne bezieht, sondern etwas Lebendiges. Die Moderne, die Kriterien der Moderne, entwickeln sich ständig weiter. Ich glaube nicht, daß das, was vor vierzig oder fünfzig Jahren ›modern‹ war, heute automatisch modern ist, dies hat im Bereich der Architektur unmittelbare Folgen. So war es zum Beispiel modern, durch die Struktur eines Gebäudes seine Konstruktionsweise hervorzuheben. Parameter wie die strukturelle Lesbarkeit und die Raumdefinition im geometrischen Sinn sind zwei Kriterien, die in der heutigen Moderne immer mehr an Bedeutung einbüßen. Ein Gebäude zu betreten, dessen erste Botschaft lautet, »schaut, wie ich gemacht wurde, seht den schönen Träger, die schönen Rohre«, vermittelt nur eine sehr schwache Botschaft.

Bezüglich des Raums kann man sagen, daß dieses Jahrhundert wahrhaft phantastische Neuerungen hervorgebracht hat. Nehmen wir zum Beispiel die bildende Kunst: Eine Zeitlang genügte es, um als großer Künstler zu gelten, sich ein formelles Feld anzueignen. Um ein großer Architekt zu sein, genügte es vielleicht, zu einem bestimmten Zeitpunkt über eine Formensprache zu verfügen, die einen bestimmten geometrischen Raum definierte. Wer hätte heute, da bereits nahezu alles vorgeschlagen oder realisiert wurde, noch Interesse an der Konstruktion eines pyramidenförmigen Raums, der auf Kurven aufgebaut wird, etc. Man gewinnt den Eindruck, daß die Architektur nicht mehr durch die geometrische Qualität des Raums bestimmt wird, sondern daß auch hier eine Verschiebung stattgefunden hat, und daß heute mehr Gewicht dem Material, dem Licht oder den Schnittstellen — das heißt dem, was man bewußt zeigen oder verbergen will — beigemessen wird. Und ich interessiere mich mehr für diese Fragen.

Ich vergleiche Architektur gerne mit dem Kino. Der Architekt und der Filmregisseur befinden sich oft in der gleichen Situation. Sie befassen sich mit einem Projekt, das in die Realität umgesetzt werden soll, denn der Film ist Realität, eine wirtschaftliche Realität, die große Summen mobilisiert. Beide, der Architekt und der Regisseur, sind mit der gleichen Realität konfrontiert, mit der öffentlichen Kritik, mit äußeren Zwängen, und müssen einen Kompromiß finden. All diese Parallelen — und ich habe hier nur einige wenige erwähnt — sollten uns dazu veranlassen, unsere Arbeitsmethode zu überprüfen. In jedem Vorspann werden viele Personen genannt, die an der Realisierung des Films beteiligt waren. Würde man nun auch für die Architektur einen ›Vorspann‹ machen, so wäre dieser ebenso umfangreich. Im allgemeinen versuche ich, die Personen anzuführen, mit denen ich gearbeitet habe. Meine Arbeit beginnt damit, daß ich die Berater heranziehe, die für ein bestimmtes Projekt erforderlich sind, denn die Projekte, ein großes Opernhaus, ein großer Flughafen, ein Krankenhaus, werden immer komplexer, immer komplizierter. Es stellte sich heraus, daß man immer analytischer vorgehen muß. Ich habe folglich begonnen, für jedes Projekt spezielle Architektenteams, die alle spezielle Rollen haben, zu bilden. Ähnlich wie beim Film, wo es den Toningenieur, den Drehbuchautor, den Komponisten für die Filmmusik, den Kameramann etc. gibt. Ich behalte mir natürlich die Rolle des Regisseurs, des ›Realisators‹ vor, aber ansonsten basiert meine Arbeitsmethode auf dem ›brainstorming‹, auf dem Gespräch. Die Pläne entwickeln sich erst später, wenn wir genau wissen, was wir machen wollen. Daraus entstehen dann Projekte, die oftmals als konzeptverhaftet bezeichnet wurden, da sie letztendlich mehr auf einer Idee als auf einer greifbaren Realität beruhen. Mit der Realität setzt man sich zwar sehr wohl auseinander, aber erst zu einem späteren Zeitpunkt. Bei der ersten Auseinandersetzung mit einem Projekt gibt es a priori keine formellen Vorgaben. Die Form interessiert mich natürlich, aber erst nachdem die Grundlagen festgelegt wurden.

Letzter Punkt. Keines meiner Projekte stößt an die Grenzen meines Vorstellungsvermögens. Ein Architekt arbeitet mit der Realität. Ich

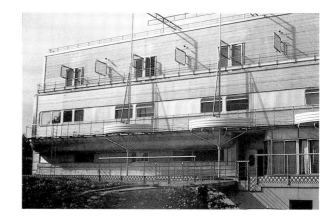

möchte dabei jedesmal bis an die Grenzen des gerade noch Erlaubten gehen. Das ist ein Drahtseilakt, ein Spiel mit den Leuten, mit denen man es gerade zu tun hat. Geht man zu weit, stürzt man ab. Aber jedes meiner Projekte hat das Ziel, realisiert zu werden. Ich bin kein Architekt, der nur auf dem Papier entwirft. Noch nie habe ich ein Projekt nur aus Freude an einem schönen Plan gemacht. Meine Projekte haben nur ein Ziel: gebaut zu werden.

Das erste Gebäude, das international bekannt wurde, entstand 1978. Es handelt sich dabei um eine *Privatklinik mit Entbindungsstation* (Abb. 2). Interessant und beeindruckend an diesem Bau ist vor allem die Tatsache, daß er zur gleichen Zeit wie das Centre Pompidou entstand, das zwei Jahre vorher eröffnet wurde. Es ist ein Betonbau, doch keiner ist sich dieser Tatsache bewußt. Im Inneren sieht man keine Stützpfeiler, keine Träger, keine Rohrleitungen. Nichts deutet auf die Bauweise hin. Alles wurde in die Mauern verlegt, der äußere Aspekt dominiert.

Um 1980 entstand eine *Schule* in einem Vorort von Paris (Abb. 3). In Frankreich wurden die Schulen damals auf der Basis von Modellen hergestellt. Das heißt, eine Baufirma und ein Architekt errichteten ein Gebäude, das anschließend durch einen anderen Architekten adaptiert wurde. Der Architekt bekam also eine Art Modellbaukasten. Die hier gezeigte Schule gehört zu dieser Kategorie von Standardmodellen. Ich habe versucht, mich von den Zwängen dieses Systems zu befreien, und habe daher von den vielen Elementen des Modellbaukastens nur drei beibehalten: einen Stützpfeiler, einen Träger und ein Fassadenmodul. Daraus ergab sich eine sehr kombinierfähige Architektur. Die Grundstruktur ist nicht mehr nur ein tragendes System, sondern wird zu einem ästhetischen Element. Man findet sie in der Beleuchtung, in den Fußböden, die Markierungen ähnlich wie Tennisplätze aufweisen, wieder. Die Besonderheit dieses Projekts ist das Licht: Alle Gänge, alle Räume und Klassenzimmer werden ausschließlich durch farbiges Licht beleuchtet. Die Schüler sagten dazu: Phantastisch, wie in einer Diskothek!

Ein altes *Theater* aus dem 19. Jahrhundert sollte in ein Kulturzentrum umgebaut und an die bestehenden Gebäude einer Sozialversicherungsanstalt und der Feuerwehr angegliedert werden (Abb. 4). Des weiteren gab es einen gekappten Turm. Der Bürgermeister sagte mir, der Turm der Feuerwehr sei zu hoch, man müsse ihn kürzen. Das haben wir gemacht. Da sich das Theater nicht gegen die Stadt hin öffnete, haben wir es wie mit einer großen Schneidemaschine aufgeschnitten. Wir hatten natürlich große Probleme mit den Genehmigungen. Der staatliche Inspektor der ›Architectes des bâtiments de France‹[2] erklärte mir, daß ein Gebäude dieser Art zu seinen Lebzeiten nicht gebaut würde. Letztlich wurde es doch gebaut, und der Inspektor lebt immer noch.

Ein weiteres Projekt war das *Freizeitzentrum für Kinder in Antony*, einem Vorort von Paris. Hier halten sich die Kinder an den schulfreien Tagen und während der Ferien auf. An dieses Projekt bin ich herangegangen, als würde ich ein Kinderbuch schreiben. Die Grundzüge sind überzeichnet wie in einer Karikatur. Die Motive von Bachelard wurden wieder aufgegriffen: der Keller, der Speicher, das Wohnzimmer, das Motiv des Baums, der zur Säule wird, und derartiges mehr. Wir gingen dabei sehr didaktisch vor und versuchten, auf der Ebene der Kinder zu bleiben.

Eine Sporthalle in Ville Nouvelle, einem Vorort von Paris, sollte den Ausgangspunkt für einen runden Platz bilden. Es blieb bei einer eher fragmentarischen Konstruktion, so daß ich dem Gebäude sofort den Titel ›absurdes Fragment‹ gab.

[2] Baubehörde auf Departementsebene

4. *Umbau und Renovierung des Theaters von Belfort, 1983*

5. *Centre de Classes de mer, Ker Jouanno, 1981*

6. *Centre d'affaires für La Défense, Paris, 1983*

Bei dem *Centre de Classes de mer* in Ker Jouanno haben wir es mit einem Grenzfall zu tun. Die Gebäude entstanden auf historischem Boden, und es mußten als Auflage Satteldächer und die Farben Blau und Weiß verwendet werden. Wir bauten also Kopien, das heißt jedes Haus wurde sozusagen verdoppelt und erhielt einen ›Zwillingsbruder‹ (Abb. 5). Dabei wurden die Motive in jedem Fall umgekehrt, das heißt die Fenster- und Türstürze wurden verglast, die Treppen führen ins Nichts, Blau wurde Weiß etc.

Ein Projekt von 1987 war die Umwandlung ehemaliger landwirtschaftlicher bzw. später industrieller Gebäude in eine Schule in Nîmes. Die Arbeiten wurden von der technischen Abteilung der Stadt geleitet. Ich hatte das Blau von Yves Klein verlangt, und man verwendete Marineblau. Ich war so verärgert, daß ich dann erst recht alle Methoden von Yves Klein verwenden wollte. Die Klassenzimmer wurden verkohlt, in den anderen Räumen wurde Blattgold verwendet, das typische Blau von Yves Klein findet sich an der Außenseite wieder. Manche Goldfolien wurden auch mit dem Schweißbrenner behandelt. Jeder Raum sieht anders aus und wurde jeweils soweit abgewandelt, daß er nicht ganz ein Yves-Klein-Raum ist. Die Lehrer fürchteten, daß die Räume die Schüler zur Beschädigung und zum Anbringen von Graffitis einladen könnten, dies bewahrheitete sich jedoch nicht.

Beim Präsidenten-Wettbewerb für das Finanzministerium in Paris planten wir eine riesige Konstruktion aus Aluminium und Glas. Wir haben den Wettbewerb verloren. Ich glaube, daß ich in Frankreich einen sehr interessanten Rekord halte: Ich habe in den letzten Jahren die meisten Wettbewerbe verloren. Bei den Präsidenten-Projekten habe ich meist eine Auszeichnung oder einen zweiten Preis errungen. Der genannte Wettbewerb wurde von Paul Chemetoff gewonnen. Sein Projekt wurde bereits verwirklicht.

Noch ein Wettbewerb, bei dem ich nur Zweiter wurde: Es handelt sich um den Abschluß des Stadtviertels *La Défense*. Sie kennen sicher das

Gewinnerprojekt, das heute in La Défense zu sehen ist, den weißen Kubus, ›la Grande Arche‹ (der große Bogen). Mein Projekt wollte sozusagen den Himmel in Fenster teilen, es war ein Spiel mit der Perspektive. Das Gebäude hätte sich vor den Horizont gestellt, die Sonne wäre hinter ihm untergegangen. Ich habe versucht, die Fassade aufzulösen und in kleine Einheiten zu teilen (Abb. 6).

Ein anderes Projekt habe ich sowohl gewonnen als auch verloren. Ich sollte es realisieren, doch leider wurde die Weltausstellung in Paris anläßlich der Zweihundertjahrfeier der Französischen Revolution annulliert. Nach meinem Entwurf sollte zwischen den beiden Ausstellungsorten Ost und West über die Seine eine Plattform gespannt werden, dadurch wäre eine Konzentration der Besucher an einem der beiden Ausstellungsorte vermieden worden.

Nun zu dem Projekt für die *Grande Halle im Parc de la Villette:* Um mit dem Vorurteil aufzuräumen, daß Technik und Natur unvereinbar sind, haben wir einfach behauptet, daß ein Berg viel schöner ist, wenn eine Autobahn ihn überquert, oder eine Ebene viel ansprechender, wenn sie von einer Hochspannungsleitung durchzogen wird. Der Park von la Villette verfügt über zahlreiche Felder. Das Programm sah 1000 Bäume vor. Wir haben alle Bäume an einem Platz zusammengefaßt und somit das Baumproblem gelöst. Wir haben alle Züge, Gleisanlagen, Einrichtungen des Parks, Autos, technische Elemente, Schleppkähne, Laufkräne etc. beibehalten und sie als Teil der Architektur den Kornfeldern, Bäumen und Pflanzungen gegenübergestellt.

Für die *Konzerthalle in Bagnolet,* die über einem Autobahnkreuz erbaut wurde, erdachten wir uns ein Szenario für einen Science-fiction-Film: Im Jahr 2001 fällt ein Monolith, eine schwarze Schachtel, auf die Erde. Er wird von einem fliegenden Labor untersucht. Es wird festgestellt, daß er harmlos ist und daß eine Kommunikation nur über Musik möglich ist. Daraufhin werden alle eingeladen, hier Musik zu machen und zu hören. In diesem Labor wird mit Konnotationen gespielt. In das Projekt wurden 150 Konnotationen eingearbeitet, angefangen von Trompeten über Motorradtaschen einer Harley-Davidson, Motorgehäuse, bis zu Theaterscheinwerfern, Theaterspiegeln etc. 150 Bilder werden in einem Gebäude zusammengefaßt.

Das Projekt der *Mediathek von Nîmes* gegenüber dem bekannten römischen Tempel der Maison Carrée erreichte wieder einmal nur den zweiten Platz, Norman Foster gewann den internationalen Wettbewerb. Unser Projekt sollte sich auf der Ebene des römischen Tempels befinden, das heißt unterhalb des heutigen Niveaus mit einem Platz aus transparentem Glas (Abb. 7). Das Museum sollte unter der Erde liegen, und wir wollten Wasser als Symbol für die Gründung der Stadt Nîmes verwen-

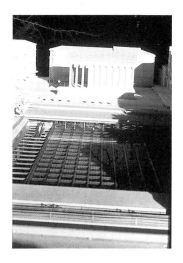

den. Das Wasser sollte also über das Gelände, das heißt unter der Straße, unter der Brücke durchgeführt werden und in das Museum hinunterfließen.

Das *Opernhaus für Tokio* war ebenfalls ein verlorener Wettbewerb, aber ein mit Anstand verlorener (Abb. 8). Ich hatte einen Monolithen von 150 Meter Länge und 80 Meter Höhe aus schwarzem Granit vorgeschlagen. Die verschiedenen Räume erhielten Namen wie ›Reich der Seele‹, ›Reich des Schattens‹ etc. Die mit Blattgold verzierten Säle sollten in der Dunkelheit glitzern. Von dieser spannungsgeladenen Form geht ein Geheimnis aus, so als dränge etwas von innen nach außen. Darüber hinaus ist es ein Spiel mit den Schnittflächen. Wenn man dieses Raumvolumen von 110 Meter Höhe betritt, öffnen sich an jeder Seite zwei 35 Meter hohe Fenster und schaffen eine Art Loch in dem schwarzen Gebäude, das dadurch einen Magritte-Effekt erhält.

Ein weiterer Wettbewerb, den ich verloren habe, war eine Entbindungsklinik des 21. Jahrhunderts für Retortenbabys auf einer Anhöhe über Paris. Die Entbindungsstation bietet aufgrund ihrer Form einen schönen Ausblick, wodurch sie sich von den entsetzlichen Krankenhäusern der siebziger Jahre unterscheidet. Das Gebäude sieht aus wie ein medizinisches Instrument, das gerade angeschlossen wurde, das sich wie ein Radarschirm an dieser Stelle niederließ, wie ein ›ready-made‹, das auf diesem Platz landete und Paris beobachtet.

Das nächste Projekt gewann zwar den Wettbewerb, wurde aber vor sechs Monaten annulliert. Es handelt sich um ein großes *Hotel mit einem balneotherapeutischen Zentrum* in Vichy, das für die Firma Perrier gebaut werden sollte (Abb. 9). Das Gebäude sollte zwei Parks miteinander verbinden und die Boulevards mit einem goldenen Bogen, auf dem die

Glassteine wie Wassertropfen wirken, überbrücken. Das Gebäude selbst hätte einschließlich des Bodens gänzlich aus Glassteinen gebaut oder mit Glassteinen bekleidet werden sollen.

Ich erzähle Ihnen kurz von einem verrückten Projekt, einem Projekt von vier Verrückten: einem Deutschen, Otto Steindl, er ist vielleicht am wenigsten verrückt, einem Italiener, der schon ziemlich verrückt ist und Fuksas heißt, einem Engländer mit Namen Alsop, der vollkommen übergeschnappt ist, und einem Franzosen, von dem ich lieber nicht sprechen möchte. Ein europäisches Projekt: Alsop, der Engländer, baut den untersten Teil, der aussieht wie ein Fisch, das heißt, er ist für die Geschäfte zuständig, Fuksas konstruiert das untere Drittel, in dem sich die Büros befinden, Otto Steindl befaßt sich mit dem Mittelteil, in dem Wohnungen errichtet werden sollen, und ich baue auf der Plattform ein Hotel. Dieses Projekt wird derzeit gerade geprüft, und obwohl der Ausgangspunkt eher abenteuerlich war, haben wir die Hoffnung noch nicht aufgegeben, daß dieses Projekt doch noch realisiert wird. Tatsächlich wird bei diesem Bau das vertikale Nebeneinander verschiedener Funktionen durch ein horizontales Übereinander ersetzt.

Den Wettbewerb für den Flughafen von Kansai gewann Renzo Piano. Erlauben Sie mir, daß ich Ihnen eine kleine Anekdote erzähle: Ich wollte eine Art Flugzeugträger bauen, das heißt eine künstliche Insel von einfacher Form und vor allem ohne jeden Baum. Renzo Piano aber sagte, Künstlichkeit ja, aber mit Natur. Das Resultat waren 2500 Bäume!

Das nächste Projekt wurde für die Stadt Perpignan entworfen. Es sollte ein Stadtzentrum mit Büros, Wohnungen, drei Hotels, einem Opernhaus und einem Blumenmarkt werden, so die Versprechungen vor den Wahlen. Das Projekt half die Wahl zu gewinnen, nun kann man mit seiner Realisierung warten. Die Fassaden der Häuser bestehen aus großen Fensterläden, so daß die Wohnungen vollständig geöffnet werden können. Der Platz selbst ist seiner Form nach der Piazza Navona nachempfunden und hat eine Länge von 250 und eine Breite von 50 Meter.

Der *Turm der Unendlichkeit*, der endlose Turm, ist das wichtigste Projekt, an dem wir derzeit arbeiten. Es handelt sich dabei um einen Turm mit einer Höhe von 420 Meter, der neben der Grande Arche im Pariser Stadtviertel La Défense errichtet werden soll (Abb. 1). Besonderes Merkmal dieses Turms sind die Farbabstufungen und die Tatsache, daß er ohne Sockel errichtet wird und aus einem Krater von 35 Meter Tiefe herauswächst. Am unteren Ende besteht der Turm aus mattem grauen Granit, der Granit wird mit der Höhe immer weicher, glänzender, wechselt zu einem Dunkelgrau, zu Anthrazitgrau, Hellgrau, um dann in andere Materialien wie etwa Aluminium überzugehen. Das Grau wird also immer heller, bis der Turm in einem Zylinder, der einem leeren Rohr ohne Boden ähnelt, endet. Das gesamte Projekt entwickelt sich mit der Veränderung des Materials, wobei die beiden Enden nicht sichtbar sind. Dadurch entsteht ein Gefühl von Unendlichkeit. Der Turm ist seiner Natur nach ein metaphysisches Objekt, denn die Frage nach den Grenzen ist eine metaphysische Frage, die uns alle beschäftigt.

Nun kommen wir zu einem Projekt in London. Es handelt sich um die King's Cross Station, auf dem großen Platz von Norman Foster. Dieses Projekt wird derzeit durch die Einwände von Prinz Charles blockiert. Wir glauben nicht, daß es in nächster Zukunft verwirklicht werden wird. Es handelt sich um ein großes Glashaus, denn all die Balken befinden sich unter einem Glasdach, das an der Seite geschlossen ist. Das Wasser des Kanals tritt von unten in die Konstruktion ein. Daraus ergibt sich ein Spiel mit dem Licht, das zwischen den beiden reflektierenden Wänden einfällt.

Zur Zeit arbeiten wir an einem Projekt in Rotterdam: ein Hafengelände mit einer Größe von etwa dreißig Hektar, auf dem früher das Heizwerk der Stadt stand. Eigentlich handelt es sich um eine ›Stadt in der Stadt‹. Wir versuchten eine gewisse Distanz zu schaffen, indem wir nicht die gesamte Böschung verbauten. Beim Näherkommen sieht man die Silhouette einer Stadt, die sich in der Mitte einer Stadt erhebt.

Das Projekt der großen Bibliothek, wieder ein Präsidentenwettbewerb, habe ich verloren, der Gewinner war Dominique Perrault. Mein Entwurf erhielt jedoch eine Sonderauszeichnung durch die Jury. Grundlagen dieses Entwurfs waren eine bebaute Brücke und das Konzept des Baums. Mein Vorschlag war eine große Bibliothek, die sich über ungefähr zwei Jahrzehnte entwickelt und bei der sich die Gebäude an die Äste der großen Boulevards anschließen, welche wiederum durch goldene

Plattformen abgedeckt werden, an denen sich die größten Künstler unserer Zeit beteiligen.

Nun ein zweiter Preis, daß heißt, wieder ein verlorener Wettbewerb: Es handelt sich dabei um einen französisch-japanischen Wettbewerb, um ein Denkmal, das Frankreich Japan schenkte, so wie wir einst den Amerikanern die Freiheitsstatue geschenkt haben. Ich schlug eine Art Magma-Video in einem Loch vor, eine Art Vulkan, an dem ein Spiegel angebracht ist, der das Videobild reflektiert. Dieser Spiegel dreht sich mit der Sonne, so daß das Bild immer völlig im Schatten liegt und immer im Gegenlicht zu sehen ist. Das Bild gleicht einer Flamme, einem Bild am Himmel der Bucht von Osaka. Es sollte eine Art Pantheon sein, in dem sich die wichtigsten Bilder unseres Jahrhunderts fortsetzen: Armstrong auf dem Mond, das DNS-Molekül und vieles andere mehr ...

Den nächsten Wettbewerb habe ich gewonnen. Es handelt sich um das *Kongreßzentrum von Tours*, das aus drei Sälen mit einem Fassungsvermögen von jeweils 2000, 800 und 400 Plätzen besteht, die ineinander übergehen. Darüber hinaus gehören dazu ein Bürohaus und der Eingang in die Stadt vom Bahnhof aus (Abb. 10).

Nun zu einigen Aspekten des ›*Institut du Monde Arabe*‹ in Paris (Abb. 11, 12). Das Nordgebäude, das im wesentlichen ein Museum beinhaltet und dem Seinebogen folgt, und das Südgebäude, in dem eine frei zugängliche Bibliothek untergebracht ist, werden durch einen Spalt getrennt. Der Name ›Institut‹ ist nicht sehr glücklich gewählt, weil es sich hier eigentlich um ein Kulturzentrum ähnlich dem Centre Pompidou handelt. Die Programmatik ist dieselbe, nur ist das Institut dreimal kleiner. Das Institut beherbergt temporäre Ausstellungen, ein Museum, eine Bibliothek und einen Vortragssaal. Von der Konzeption her wollten

11. Institut du Monde Arabe, Paris, 1987, Treppenhaus

12. Institut du Monde Arabe, Paris, 1987, Außenansicht

13. Institut du Monde Arabe, Paris, 1987, Innenhof

wir die Merkmale der großen arabischen Architektur, das Licht und die Geometrie, wieder aufgreifen. All diese arabischen Formen, der Stern, das Polygon, das Viereck, können durch Drehung reduziert werden. Blenden sind an einen Computer angeschlossen, der seinerseits durch eine Photozelle, die mit einem Thermometer verbunden ist, die Befehle empfängt. Sie öffnen sich je nachdem, ob die Sonne scheint oder ob es regnet.

Am schwierigsten war es, dem Kunden verständlich zu machen, daß es sich bei dieser Konstruktion nicht um einen Store handelt, sondern um einen Lichtdosierer, der natürlich auch viel teurer ist. Ein venezianischer Store wäre natürlich viel einfacher, viel effizienter und wesentlich billiger − aber wo wäre das Vergnügen geblieben? Zum ersten Mal setzten wir Technik ein und gaben das Geld nur für ein Vergnügen aus. Wir wollten den Menschen, die in diesem Gebäude leben sollten, Freude bereiten, wir wollten das Licht richtig dosieren, die Schatten geometrisch anordnen. Und es gelang uns, dieses Mehr an Sensation anstelle eines Mehr an Funktion zu verkaufen.

Der *Innenhof:* Im Zentrum des Gebäudes befindet sich ein weißer Marmorkubus, der aus Tausenden von kleinen, feinen Marmorplättchen besteht. Das Licht scheint durch diese hindurch, wie durch Alabaster. In der Mitte sollte sich ein Merkurbrunnen befinden, der jedoch noch immer nicht an seiner Stelle ist und durch einen Spiegel ersetzt wurde (Abb. 13).

Die *Eingangshalle:* Einen seiner speziellen Effekte erhält das Institut durch die 30 Meter hohe Eingangshalle, die in eine 2 Meter hohe Halle übergeht. Hier ist die Anlehnung an die Säulenhallen arabischer Moscheen eindeutig erkennbar.

Ein ganz anderes Thema sind Sozialwohnungen: Fünfzehn Jahre hindurch durfte ich keine bauen. Meine Philosophie bezüglich Sozialwohnungen läßt sich auf einen Satz reduzieren: Ein schöner Raum ist ein großer Raum, das ist ein ästhetisches Merkmal; und eine schöne Wohnung ist eine große Wohnung. Ausgehend von dieser Idee versuchte ich dann in St. Ouen, einem Vorort von Paris, zum gleichen Preis größer zu bauen. Aus diesem Grund blieben die Mittel sehr einfach. Die Fassaden sind sehr sparsam und industriell hergestellt. Die Wohnungen haben direkte Zugänge, und das Innere ist groß und weiß.

Weitere *Sozialwohnungen* entstanden in Nîmes, oberhalb der Stadt: zwei große Schiffe, die durch Schirme vor der Sonne geschützt werden (Abb. 14). Des weiteren gibt es zwei Terrassen, eine ist öffentlich zugänglich, die andere privat. Durch die Schirme sieht man den Himmel; diese Transparenz findet sich auch bei den Balkonen. Die öffentliche Terrasse und die Stiegenaufgänge liegen in der Sonne. Die kleinen roten Lichter in den Terrassen tauchen am Abend alles in rotes Licht. Die Fassaden könen bei Schönwetter vollständig geöffnet werden, Terrasse und Wohnzimmer werden ein Raum, man kann sogar Möbel aufstellen, ohne daß es lächerlich wirkt (Abb. 15). Alles ist großzügig. Für den rohen Beton engagierte ich einen meiner Freunde, der Künstler ist. Der Kunde sagte: Hören Sie auf, das können wir nie vermieten. So haben wir nur etwa 40% der Wohnungen künstlerisch ausgestaltet, aber die Hälfte der Bewohner, die keine Malerei in ihren Wohnungen hatte, wollte sie auch haben. Wir haben natürlich triumphiert. Und das ist in Nîmes etwas ganz Besonderes, denn der Begriff ›triumphieren‹ wird im Stierkampf verwendet.

14. Sozialwohnungen, Nîmes, 1987

15. Sozialwohnungen, Nîmes, 1987, Terrasse mit Wohnzimmer

Zu dem *Kulturzentrum in Ville Nouvelle*, in der Nähe von Paris, ist folgendes zu sagen: Ville Nouvelle ist wie eine Sammlung, ein großes Modell. Jeder Architekt, der dort arbeitete, baute eine andere Art von Gebäude. Folglich habe ich die Gebäude betrachtet, die es in der Umgebung gab, und mein Gebäude derart gestaltet. Der Formenreichtum ist ein Spiegelbild seiner Umgebung. Ich versuchte, einen Kontrast zwischen den schwarzen Theatersälen und den öffentlich zugänglichen Flächen oder der Bibliothek, die transparent sind, herzustellen. Am Abend ist hier alles in blaue Farbe getaucht.

1989 entstand ein Vier-Sterne-*Hotel-Restaurant* in der Nähe einer alten Kirche oberhalb von Bordeaux. Am Fuße des Hügels fließt die Garonne. Es ist ein kleines Dorf, und daher habe ich kleine Häuschen gebaut. Die Häuser sind mit Rost überzogen und mit kleinen elektrischen Fensterläden ausgestattet (Abb. 16).

In den Zimmern ist alles weiß (Abb. 17). Die Betten sind, wie auf dem Lande so üblich, sehr hoch, 110 Zentimeter. Wenn man im Bett liegt, sieht man die ganze Stadt. Auch die von uns entworfenen Fauteuils sind sehr bequem. Was mir hier besonders gefällt, ist die Korrespondenz zwischen der Badewanne und dem Bett.

Zum Schluß ein *Dokumentationszentrum in Nancy*, unser jüngstes Projekt. Dieses Zentrum ist ein Ort, an dem Wissen umgewandelt und gesammelt wird. Wissenschaftliche Informationen aus aller Welt treffen hier ein, werden gesammelt, zusammengefaßt, übersetzt und an die Forscher weitergegeben. Den Wettbewerb zu diesem Projekt habe ich vor drei oder vier Jahren gewonnen. Meine Konkurrenten wollten Verwaltungsgebäude bauen, während ich eine Fabrik schuf. Das Gebäude ähnelt tatsächlich einer Fabrik, einer Fabrik, in der der Grundstoff

16. Hotel-Restaurant ›Saint-James‹, Bordeaux, 1989

17. Hotel-Restaurant ›Saint-James‹, Bordeaux, 1989, Hotelzimmer

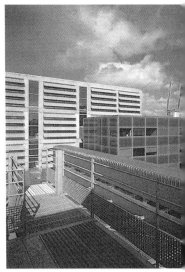

18. Dokumenta-
tionzentrum für
Wissenschaft und
Technik, Nancy,
1989

19. Dokumenta-
tionzentrum für
Wissenschaft und
Technik, Nancy,
1989

›Wissen‹ weiterverarbeitet wird (Abb. 18, 19). Das Zentrum ist ein Gebäude für das Ende dieses Jahrhunderts; alles baut auf einem genauen Organisationsplan auf, durch den die Funktionen direkt erreichbar sind. Ich nenne das: Schönheit durch Effizienz.

Das Gebäude, in dem sich das Archiv befindet, wird in seiner ganzen Höhe durch einen Spalt getrennt. Das EDV-Gebäude wiederum wurde ganz aus verchromtem Stahl hergestellt. Im oberen Teil des EDV-Gebäudes befindet sich ein Restaurant und darüber der Verwaltungsbereich. Es fehlt eigentlich nur die Begrünung!

Michael Sorkin

NEUNZEHN TAUSENDJÄHRIGE MANTRAS

Während seiner Amtszeit erhielt Ronald Reagan den Spitznamen ›Der Teflon-Präsident‹. Teflon ist, wie bekannt sein dürfte, eine Kunststoffbeschichtung für Töpfe und Pfannen, die verhindern soll, daß Speisen während des Kochens am Topfboden haften bleiben. Reagan erwarb sich diesen Spitznamen, weil keinerlei Schuld an ihm hängenzubleiben schien, ganz gleich, wie trügerisch sein Benehmen oder wie durchschaubar die Lügen auch waren, die er von sich gab. Beweise seiner Verlogenheit, in der Presse immer wieder erbracht, vermochten zu keiner Zeit das Publikum von seiner Anbetung abzubringen.

Im Laufe der Zeit wurde Reagan zu einer Art grandiosem epistemologischen Vexierrätsel, zu einer enigmatischen Sphinx. Es war unmöglich, sein allgegenwärtiges Gesicht zu erblicken, ohne sich ernsthaft zu fragen, inwieweit es überhaupt gesicherte Erkenntnisse geben kann, und worauf diese eigentlich beruhen. Von seinem gefärbten Haar bis hin zu seiner jovialen Scheinheiligkeit und seinen aalglatten Lügen schien jeder Aspekt der Person Reagans der Frage nach dem Wesen der Wahrheit auszuweichen. Als es gegen Ende seiner zweiten Amtszeit zum Iran-Contra-Skandal kam, hatte das nachbohrende Fragen die Form einer prägnanten Beschwörungsformel angenommen, die praktisch von jedem, der sich interessierte, stets aufs neue wiederholt wurde: »Was wußte der Präsident? Und zu welchem Zeitpunkt war es ihm bekannt?«

Diese Formel sollte, wie sich zeigte, zum Kernsatz des ›Reaganismus‹ werden. Durch die Einbeziehung des zeitlichen Moments — bezogen auf die Frage: Ab wann wußte er es? — gelangten die Medien zu einem Resümee des Reaganrätsels, das sowohl die Tatsache seiner kolossalen Unehrlichkeit berücksichtigte wie auch die unglaublich beständige Liebe, die das amerikanische Volk hartnäckig für ihn hegte, eine Liebe, die sich schlicht und einfach weigerte, seine Lügen auch tatsächlich als Lügen zu erkennen. Die neue Interpretation lieferte des Rätsels Lösung, indem sie den Kontext der Frage aus dem Bereich der Ethik hinüber auf das Feld des Gedächtnisses verlagerte. Reagans Handlungen ließen sich somit einfach abtun als die Schwierigkeiten der Senilität, als das schuld-

---

lose Versagen eines alten Mannes, als ein medizinisches Problem. Sich stillschweigend darein schickend, entwickelte Reagan seinen ganz persönlichen Kehrreim, den er auf jeder Pressekonferenz, bei jeder eidlichen Aussage wiederholte: »Ich kann mich nicht mehr erinnern.«

Die große Ironie an der ganzen Geschichte ist, daß sich Reagan als der erste wahrhaftig postmodernistische Politiker entpuppte: das Sinnbild für seine Politik war seine eigene Langlebigkeit. Reagan gelangte an die Macht als der große Apostel der Erinnerung, der den Amerikanern die Rückkehr zu einem Goldenen Zeitalter versprach, einer Zeit, zu der sein Alter ihm angeblich einen privilegierten Zugang gewährte. Dieser Pseudotraum vom Paradies infizierte die gesamte Kultur, einschließlich der Architektur. Während der Ära Reagan reifte die Erinnerung zum gewichtigsten Bezugswert im Diskurs der Architektur heran. Von historizistischen Theorien der Stadt bis hin zu den abscheulichen klassizistischen Anklängen endloser neokonservativer Bauprojekte und der ›Disneyfizierung‹ des Großteils der materiellen Kultur verdrängte der Mief der sogenannten ›Vergangenheit‹ den frischen Duft der Erfindung und des Experiments.

Wenn die Architektur in einer Krise steckt — und meiner Meinung nach steckt sie in einer —, so ist es eine Krise der Authentizität, eine Krise der Wertfindung in einem Zeitalter des Scheins, die gleiche Krise, die Reagan, diese Imitation eines Präsidenten, hervorgebracht hat. Unter diesem heuchlerischen Diktat versinkt alles in Unentschiedenheit. Eine bestimmte Fernsehwerbung fragt, »Ist es echt oder ist es Memorex?«, während die Aufnahme mit der Stimme von Ella Fitzgerald ein Glas zerspringen läßt. Oder man stelle sich Folgendes vor: Eine meiner Lieblingshervorbringungen der Reagan-Ära ist eine Fernsehsendung mit dem Titel ›Puttin' on the Hits‹. Bei dieser Show handelt es sich im Grunde um einen Lippensynchronisationswettbewerb. Die Teilnehmer werfen sich in das Outfit irgendeines bewunderten Popstars und stellen sich hin, um einen der größten Hits von Madonna oder — was noch mehr den Punkt trifft — von Milli Vanilli vorzutragen. Von der Idee her simuliert ›Puttin' on the Hits‹ die Art Simulationen, die man in Fernsehshows wie ›American Bandstand‹ oder ›Soul Train‹ zu Gesicht bekommt, in denen wirkliche Popstars im Playbackverfahren nur noch ihre Lippen zu einer Aufnahme ihrer eigenen musikalischen Darbietung bewegen und so sich selbst beim Auftreten imitieren. Natürlich ist die Situation in Wirklichkeit noch komplizierter, denn die ›authentische‹ Darbietung am Anfang dieser großen Kette der Simulationen existiert im Grunde gar nicht als etwas Eigenständiges: Sie ist vielmehr ein Kunstprodukt, das in genau ausgeklügelter Weise aus verschiedenen im Tonstudio aufgezeichneten Tonspuren zusammengebastelt wurde.

Am Ende dieser dreifach gemimten Darbietungen werden die Wettbewerbsteilnehmer von einer Jury unter Aufbietung einer Unzahl unglaublich pseudosachkundiger Urteile benotet, etwa in Kategorien wie ›Originalität‹. Hier kommen wir dem Kern der Sache näher. Das Problematische an ›Puttin' on the Hits‹ als kulturellem Modell ist nicht die Lippensynchronisation: Das wirkliche Problem hat mit jener Spezies von Juroren zu tun, mit der Art und Weise, wie sie die Imitation als etwas Natürliches erscheinen lassen durch eine vertraute Prozedur der fachkundigen Beurteilung, eine bestimmte, jenseits von Laune oder Geschmack angesiedelte Norm, die uns versichern soll, daß das Imitat mit dem ›Eigentlichen‹ identisch sei. Die Konsumwelt wird überflutet von derlei Beteuerungen, wie etwa der Behauptung, der petrolchemische Matsch, der bei McDonald's verkauft wird, sei tatsächlich nahrhaft, sei ›natürliche‹ — oder vielleicht sollte ich lieber sagen: ›kräftige‹ — Nahrung.

Offensichtlich aber benötigen wir bestimmte Urteilskriterien, wollen wir vermeiden, daß uns all dies aufgedrängt wird — mögen diese Kriterien noch so persönlich sein. Darin liegt die Herausforderung einer Kultur, in der das Fernsehen den Ton angibt, das Medium, in dem die fundamentalsten Fragen für die Architektur bereits vorgegeben sind. Ich komme offenbar in keinem Vortrag umhin, auf meine Lieblingsmetapher für die heutige Zeit zurückzugreifen, jenes gute alte surrealistische Unterhaltungsspiel, das *cadavre exquis*. Sie kennen es. Breton beschrieb es als »ein Spiel mit gefaltetem Papier, das von mehreren Personen gespielt wird, die jeweils einen Satz aufschreiben oder eine Zeichnung machen, ohne daß irgendeiner der Mitspieler den vorhergehenden Beitrag oder die vorhergehenden Beiträge zu Gesicht bekommt«. Das mittlerweile klassische Beispiel, das dem Spiel seinen Namen gab, war aus dem ersten Satz abgeleitet, der wie folgt lautete: »Die exquisite Leiche wird neuen Wein trinken.« Die Surrealisten schätzten das Spiel sehr. »Endlich«, schrieb Breton, »verfügten wir über eine unfehlbare Methode, die kritische Vernunft zeitweilig außer Kraft zu setzen und der metaphorischen Tätigkeit des Geistes voll und ganz ihren freien Lauf zu lassen.« Das *cadavre exquis* ist ein primitiver Aneinanderreihungsmechanismus, eine Methode der literarischen oder künstlerischen Genkoppelung. Es zielt auf die Zerlegung herkömmlicher Bedeutungszusammenhänge ab, indem es behauptet, daß alles mit allem vereinbar sei. Das Fernsehen ist eine hochentwickelte Aneinanderreihungsmaschine. Überlegen wir uns einmal einen Moment lang, wie Fernsehen tatsächlich erlebt wird. Ob durch das Schalten mit dem Fernbedienungsgerät herbeigeführt oder durch die Wahllosigkeit des jeweiligen Tagesprogramms, das Hauptereignis des Fernsehens ist der Schnitt, der von

Fragment zu Fragment ein unglaubliches Infektionspotential immer winzigerer Partikel erzeugt. Wie beim Spiel des *cadavre exquis* ergibt jedes Fern-Sehen ein überraschendes, völlig einmaliges Produkt, eine neue Skurrilität. Jener typische Übergang von den verwesenden Körpern in Basra zur Duschbadreklame sollte absurd sein, ist es aber nicht. Und in einem ›Nebeneinander‹ wie diesem offenbart sich die Macht der modernen Kultur, ihre Fähigkeit, wahr und unwahr zu obsoleten Kriterien zu machen. Breton würde sich wundern.

Für den Konsumismus, der einfach die mengenmäßige Verfügbarkeit der Dinge zu maximieren sucht, erweist sich diese systematische Methode der Aushöhlung von Bedeutungsfixierungen als erstaunlich ökonomisch. Wenn jede Aneinanderreihung einen Sinn ergibt, ist nachgerade keine Kombination verloren. Es ist wie mit jener unendlichen Zahl von Affen an ihren Schreibmaschinen, die draufloshämmern, bis schließlich einer von ihnen Hamlet hervorbringt. Das einzige Problem mit diesem System ist die damit verbundene Verschwendung von Manuskripten, ehe der Barde erfolgreich nachgeäfft ist. Das Fernsehen löst diese Problematik mit kaltschnäuziger Ökonomie. Da es keine unlesbaren Schöpfungen geben kann, ist jeder Schimpanse ein Shakespeare. Und einen Schritt weiter gedacht, kann jeder ›Zufall‹ Präsident sein — oder eben Architektur.

Verstehen Sie mich bitte nicht falsch, ich liebe den Überfluß, und es ist nichts Schlimmes daran, verschroben zu sein. Was hier aber fehlt — und dieses Fehlen kommt dem Fernsehen entgegen —, ist ein brauchbares, wirklich sinnvolles System zur Unterscheidung, als eine Methode, sich im Ganzen zurechtzufinden. Die Surrealisten hatten natürlich den Surrealismus: Sie waren auf skurrile Bilder aus und suchten wahrscheinlich die Produkte ihrer Aneinanderreihungsmethode nach Spuren des Vertrauten ab. Aber was ist mit uns, was sollen wir tun? Betrachten wir diese Hollywood-Gestalt, das Allerneueste auf dem Gebiet des künstlich konstruierten Subjekts! Michael Jackson und E.T. sind — neben Ronald Reagan, Mickey Mouse und Mao Tse-tung — ohne Frage die medienmäßig meistverbreiteten Gestalten des Jahrhunderts. Michael und E.T. gehören zusammen nicht nur als Verkörperung des kuscheligen Anderen, sondern eben auch aufgrund des Ausmaßes ihrer medienmäßigen Verbreitung: Sie sind Nachbarn im gleichen konzeptuellen Raum. Fabelhafte, flauschige Freakbrüder. Sie gehören zusammen, eben weil auf ihrem Planeten alles zusammengehört. Dies ist eine Anleitung zur Passivität, zum bloßen Dasitzen, während man von einem Sender zum nächsten umschaltet — wieder und wieder und wieder und wieder.

Die Architektur muß sich irgendwie über diesen widerspenstigen Bereich Rechenschaft ablegen, oder sie ist zum Sterben verurteilt. Der

2. Michael Jackson und E.T.

Raum der Simulation, in dem alles möglich ist, vermag auf zweierlei elementare Art und Weise die Architektur zu übertreffen. Erstens durch die Schaffung einer sogenannten ›virtuellen Wirklichkeit‹, die in ihrer Einwirkung auf die Sinne nicht weniger überzeugend und fesselnd ist als das, was wir am Reißbrett zu produzieren imstande sind. Letzten Endes müssen wir entscheiden, ob dieser elektronische, halluzinatorische Raum der neue Raum der Architektur werden soll — aber darüber später mehr. Im Augenblick weit bedenklicher ist der promiskuöse Pluralismus des Aneinanderreihungsmechanismus des Konsumenten, die ängstliche Unterdrückung unumschränkter Toleranz, die praktisch jede unserer Entscheidungen, die nicht einer totalen Kapitulation gleichkommt, lächerlich macht. Heute Klassizismus, morgen Dekonstruktivismus — wen interessiert's, es sind nur Begriffe. Welche Mittel haben wir Architekten dagegen einzusetzen? Offensichtlich ist eine kritische Einstellung sehr wesentlich. Um Lenin zu paraphrasieren: Geduld und Ironie sind die wichtigsten Tugenden eines wahren Architekten. Aber abgesehen von der Kritik halte ich es für jeden von uns für enorm wichtig, die erste Frage des Knirpses zu stellen: Wo kommen die Häuser her? Jeder Architekt, jede Architektin muß aus seinem/ihrem Entwicklungszusammenhang heraus die Architektur neu erfinden: Wir alle brauchen unsere Urszenen. Abgesehen von den Anforderungen des Bürgersinns und der Achtung vor dem Planeten verpflichtet uns dies dazu, einige systematische Prioritäten zu setzen, uns ernsthaft selbst zu einer Entscheidung über die Ausgangspunkte der Antwort zu ermutigen. Heutzutage gibt es ein Bestreben, diese Prioritäten zu ganzen Doktrinen auszubauen, eine Art Zwang, sich die Autorität anderer Systeme anzumaßen, um ästhetische Entscheidungen zu rechtfertigen. Wie der Mann, der im Fernsehen als Zeuge für die Schlankheitskur auftritt, die es ihm ermöglicht hat, zweihundert Pfund abzunehmen, legen Architekten allenthalben Rechenschaft über ihre jeweiligen Vorgehensweisen ab: Ich zog eine Linie vom Haus Kurt Waldheims zum Michaelerplatz; ich las Calvino; ich drehte das Raster um seine Achse um genau dieselbe Anzahl von Graden, wie die Temperatur an dem Nachmittag war, an dem ich dir zum ersten Mal begegnete; ich spuckte auf die Zeichnung; ich zeichnete den Umriß des Schnitzels von gestern abend nach, und so weiter und so fort.

Diese Art alberner postfunktionalistischer Methodik (›form follows ... anything!‹) ist vermutlich ein ebenso brauchbarer Anhaltspunkt wie jeder anderer. Ich finde das Gerede ganz in Ordnung, es ist die pietätvolle Ehrfurcht, die mich beunruhigt. In meinen Augen erhält die Form durch einen Hinweis auf ihren Entstehungszusammenhang noch keine besondere Glaubwürdigkeit, so sehr dieser Hinweis auch eine gewisse

Neugierde befriedigen oder höheren Semestern und Psychoanalytikern Futter liefern mag. Dennoch, wo sonst könnte man ansetzen? Worüber läßt sich letzten Endes wirklich etwas sagen, außer über Intentionen und Einfälle? Bevor ich also einige Dias von meinen jüngsten Projekten zeige, möchte ich eine Reihe von Thesen, meine eigenen Intentionen und Einfälle, zur Sprache bringen. Doch ›Thesen‹ ist ein allzu vermessener Ausdruck. Lassen Sie mich vielmehr einige Mantras vorbringen, einige Beschwörungsformeln, die dazu dienen mögen, der allzeit drohenden Krise der Anfänge gegenüberzutreten. Diese Mantras zielen in keinerlei bestimmte Richtung: Ich glaube nicht, daß es gerade jetzt an der Zeit ist, irgendwelche Vorschriften zu machen, schon gar nicht auf formaler Ebene. Wir brauchen uns wohl kaum zum Verfechter der Unumgänglichkeit von Piloten und einer offenen horizontalen Projektionsebene aufzuschwingen, uns für den Vorrang des Regionalismus stark zu machen oder zu unterstreichen, wie wichtig es für die Architektur sei, in jedem einzelnen ihrer Balken und Träger den gestörten Charakter der heutigen sozialen Beziehungen zum Ausdruck zu bringen. Meine Mantras sind einfach Stätten, Plätze, an denen mir Architektur besonders fließend erscheint, die Orte, an denen ich über Architektur nachdenke, der Rat, den ich mir selbst gebe. Außerdem ziehe ich es vor, als jemand, der seinem Selbstverständnis nach erst am Anfang steht, ihnen eine hochtrabend epochale Note zu verleihen, in der Hoffnung, daß schon ein Jahrzehnt mich irgendwie auf den Weg bringen wird. Diese Mantras sind Hoffnungsbekundungen und Mahnworte in einem.

1 Wenn Worte versagen, dann grunze

Um das Spiel anzufangen, mußt du den Signifikanten in Gang setzen. Falte Papier, mach' die Augen zu und stich' hinein ins Wörterbuch, bohr' in deiner Nase und untersuche genau das, was dabei herauskommt, sieh' Tag und Nacht fern, mustere deinen Arsch mit Hilfe eines Spiegels. Obgleich wir alle erst einmal kriechen, ehe wir fliegen, ist die Architektur keine Universalsprache, jedenfalls nicht auf absehbare Zeit. Es stimmt allerdings, daß brauchbare Anfänge meist auf allen vieren, dem bescheidensten statischen Zustand, daherkommen. Später lernen wir dann, den Boogie-Woogie zu tanzen.

2 ›Cyberspace‹ existiert nicht (oder doch?)

Wenn, wie ich schon andeutete, die Architektur, so wie wir sie kennen, durch epochale technische Veränderungen gefährdet ist, dann weil die Gremlins der DNS und des Silikons, die Magier der Luft und des Alls sowie die Zauberer der Unterhaltung — der gesamte militärisch-industriell-biologische ›Disneyworld‹-Komplex — zunehmend in der Lage sind, Erfahrungen einer simulierten Räumlichkeit herzustellen, die sich immer weniger vom ›Wirklichen‹ unterscheiden lassen. Walter Wriston — ehemaliger Hauptgeschäftsführer der Citibank — meinte kürzlich im Fernsehen, »Die 800er Telefonnummer und das Plastikkärtchen haben aus Zeit und Raum Nebensächlichkeiten gemacht.« Oder, wie Don DeLillo eine Figur in seinem Roman ›Weißes Rauschen‹ sagen läßt, »Für die meisten Menschen gibt es in der Welt nur zwei Orte, ihren Wohnort und ihr Fernsehgerät. Wenn sich im Fernsehen etwas ereignet, haben sie das Recht, es faszinierend zu finden, ganz gleich, was es ist.« Wer braucht schon Ronchamp, wenn es die Bill Cosby Show gibt. Ich möchte hier nicht den Ludditen herauskehren, aber ich glaube doch, daß die Einschränkung konkreter Physikalität sich als eine der großen Krisen der Architektur im kommenden Jahrhundert erweisen wird. Andererseits, wenn sich herausstellt, daß die virtuelle Wirklichkeit besser, zweckmäßiger, für uns leichter kontrollierbar und enger mit der Lebenswelt verflochten ist, wer braucht dann noch Architektur!

3 Schluß mit dem Raum aus zweiter Hand

Wenn wir schon vom Schein reden, dann können wir auch gleich fragen, ob die Architektur nicht eine Spur onanistisch ist. Es gibt einen weitverbreiteten Narzißmus, eine sich verengende Spirale der Selbstvorspiegelung. Unsere schlappe, inzestuöse Avantgarde nimmt sich — völlig gefangen im täglichen Trott des Galeriebetriebs — viel zu ernst, sie klammert sich an ihre Provenienz, während sie endlose, klagende Erklärungen — kriecherische, entsetzliche Deklarationen ihrer Sensibilität — liefert und ihre auftätowierte Ernsthaftigkeit naiv als Impfstoff gegen ein neues Nagasaki oder Treblinka propagiert. Laßt uns damit aufhören! Aus einer Hermeneutik des Nichts kann sich nur eine Architektur der Verzweiflung ergeben.

Sie ist ein weiteres epochales Symptom, die Glaubwürdigkeitskrise einer Kaste der Produzierenden, die nervös ist ob ihrer eigenen Irrelevanz. Jüngsten Versuchen, in der Art eines Frankenstein die geraubte Autorität von Theorie und Geschichte in den komatösen Körper unüberprüfter Architektur zu transplantieren, ist es — bis dato — nicht einmal gelungen, irgendwelche skurrilen Schöpfungen hervorzubringen, die man als besonders lohnend bezeichnen könnte, sondern nur stalinoide Nippes, die in schaumschlägerischer Manier ihre Echtheit unter Beweis stellen wollen. Übermalt mit einer dicken Schicht dekonstruktivistischer Mascara oder mit gräßlichem Rouge, verändert sich der Inhalt nicht, trotz des Anspruchs. Das Ergebnis: eine Architektur, die von dem Verlangen besessen ist, es mit Fliegen zu treiben, und dem Rest von uns vorschreibt, keinen guten Sex zu haben. Woher diese Nervosität in Gegenwart des Lehrers, wenn es doch besser wäre, einfach Spaß zu haben. Hier ist ein gutes Rezept für die Beurteilung architektonischer Resultate: ›That's the way — ah-hah ah-hah — that's the way I like it‹.

4 Schluß mit dem Über-Ich aus zweiter Hand

Ich weiß nicht recht, wieso dein Unbewußtes zu meiner Folklore werden sollte. Warum sollte es irgendjemanden kümmern, wenn bei einem anderen Verdrängtes wieder hochkommt? Sobald wir erwachsen sind, können wir versuchen, uns über die Mechanismen klar zu werden, die uns regulieren, können wir uns dazu durchkämpfen, eine Wahl zu treffen. Wenn dir vor dem Einschlafen Einstein lieber ist als die Brüder Grimm, laß es so sein! Wenn du Chaka Khan Jacques Lacan vorziehst, dann auf in die Disko! Eine gewisse Vorsicht scheint allerdings angebracht. Da steckt jemand unter der Mickey-Mouse-Maske, und es ist nicht gesagt, daß er wohlgesinnt ist. Immer wenn wir tanzen, glaube ich seinen Griff nach meiner Brieftasche zu spüren. Scher dich zum Teufel, Mickey! Ein Architekt braucht scharfe Zähne, bereit, die unsichtbare Hand zu beißen.

5 Freie Mimesis

Einige Bilder, die mich interessieren: die seltsam zusammengefügten expressionistischen Flächen des Tarnkappenbombers; die komische spitz zulaufende Schnauze, die pfeilschnell hervorschießende lange Zunge und der schwerfällige Körper des Ameisenbärs; sich türmende Wolken; die Art und Weise, in der Navigationsgeräte manchen Flugzeugen wie Kröpfe seitlich aufgepfropft werden; ein blauer Abendhimmel; fast jede Baustelle; die kleinen Klümpchen auf den Brioches; extrem lange Treppenläufe; Dinosaurier, insbesondere der Stegosaurus; das heliotropische Sich-Krümmen von Bäumen in der Stadt; lange Haare, die aus kleinen Beulen auf Hundebacken sprießen. Wie jede Form von Kunst ist die Architektur am glücklichsten, wenn sie die Welt liebt. Wie stets bei der Kunst leitet sich die Funktion aus der Form ab.

6 Zu einem schlechten Beat läßt sich nicht gut tanzen

Doch natürlich sollte sich die Funktion keinesfalls aus der Form ableiten. Geschmack ist kein wirklicher Ersatz für das Denken, ganz gleich, wie umständlich dessen rationale Begründung ausfällt. Gerade Wien erinnert uns daran, daß sich der Walzer nur um einen Takt vom Marsch unterscheidet. Ist es möglich, beide zu lieben? Nur mit einigen Änderungen: Kooperationsphantasien sind nicht alle gleich, es gibt guten und schlechten Sex. Meine persönliche, leidenschaftlichste pornographische Faszination bezieht sich — Sie ahnen es sicher schon — auf Flugzeuge, auf spitznasige Kampfjäger, schwungvoll geflügelte Bomber und schwere, knollenförmige Transportmaschinen. Ästhetische Phantasien dieser Art sind ungeheuer beunruhigend. Schließlich handelt es sich um Geräte, die keinem guten Zweck dienen, um mörderische Waffen. Generalissimos im Pentagon mögen mit ungetrübter Befriedigung mattschimmernde Ölgemälde von Abendhimmeln begaffen, die mit den Kondensstreifen von B-52ern durchzogen sind, geifernd vor der gleichen Skopophilie wie der Pubertierende, der über dem doppelseitigen Hochglanzphoto von Miss Oktober hockt; der Rest von uns, die wir weder Futuristen noch Faschisten sind, hat mit diesen Bildern eher Schwierigkeiten. Die Lösung liegt im *détournement:* zum Marsch zu tanzen, aus dem Sergeant-Major Sergeant Pepper zu machen, ihre Kleider auf unseren Körpern zu tragen. Der Funktionalismus beginnt beim Spaß.

7 *Vergiß die Schwerkraft*

Um es nicht zu vergessen: Zu den ruhmvollsten Entwicklungen unserer Zeit zählt die Tatsache, daß die Architektur — erstmals — im Begriff ist, von ihrer ursprünglichsten geschichtlichen Fessel befreit zu werden: von der Schwerkraft. Das gewaltige Projekt des außerirdischen Bauens läuft, nachdem es bereits eingeleitet wurde, praktisch ohne jede Beteiligung unsererseits ab. Aber, sind wir denn verrückt, dabei leer auszugehen? Ich zum Beispiel möchte mich beteiligen, ich möchte mich an jenen Ort begeben, wo das Oben und Unten nicht länger als Zwang existiert, wo wir unsere eigene Bewegung jedem beliebigen Winkel anpassen können. Es genügt nicht, eine erdgebundene Architektur zu schaffen, die mit Andeutungen dieser Möglichkeit — etwa mit herabhängenden Pfeilern oder sich schlängelnden Wänden — ausstaffiert ist; wir müssen selbst dort sein.

Freie Koordinaten — eine Architektur, die in der Lage ist, jede für sie vorstellbare Form von Geometrie zu ermitteln, ohne sich auf eine bestimmte festzulegen — locken jenseits des Horizonts. Das Diktat des ›Grid‹, des Rasters — dieses unantastbare Symbol des Rechts aller modernen Bürger, sich ihrer Individualität zu entheben — ist drauf und dran, brüchig zu werden. Der Plan als solcher hat als generative Grundlage ausgedient.

8 Hack, hack, hack

Die Architektur praktiziert ihre Moral durch genaueste Wahl der Mittel. Der Ziegelstein sucht sich nicht aus, was er gerne sein möchte, sondern wir sagen es ihm, und wir brauchen ihm nicht zweimal das gleiche zu sagen. Natürlich ist unsere Entscheidung nicht ohne Einfluß — Kultur, Ernährung, Drogen, Psychosen usw.: die übliche Verschwörung gegen das Unerwartete. Technik ist einfach eine weitere Form von Kultur, sie ist nicht tradiert oder gar unvermeidlich: Die Wissenschaft ist das, was wir aus ihr machen. Jede für die Architektur nützliche Technologie muß bei ihrer Anwendung stets aufs neue gründlich hinterfragt werden, und sei es nur, um mit dem atemberaubenden Tempo des Wandels Schritt zu halten. Unsere Entscheidung muß immer von vornherein auf bessere oder witzigere Lösungen abzielen: Überlassen wir der Kultur den konservativen Part, während wir uns über die Leere schwingen. Das Gewicht von einer Billion Ziegeln, die sich im Verlauf der Geschichte angesammelt haben, sollte nicht im Widerspruch stehen zu der hauchdünnen elastischen, widerstandsfähigen und wasserundurchlässigen Hülle, den dehnbaren Sehnen aus Metall oder dem mit Sonnenenergie gespeisten elektronischen Wärmeregler, die heute in den Laboratorien der Erfindung geboren werden. Die Hacker, jene gewieften Robin Hoods der erbeuteten Technik, die pfeilschnell durch die Telefax-Nebenleitungen des Computernetzes jagen, sind Vorbilder für uns: Sie haben die Kontrolle, sind kritisch, bereit, schlechte Systeme abstürzen zu lassen, auf Spaß aus, unabhängig und doch glücklich, sich für die richtige Sache zu verwenden, für Freiheit und anständige Entscheidungen. Machen wir uns den Wahlspruch des Hackers zu eigen, wenn er in den nächsten geheimnisumwitterten Systemkreis eindringt: »Weiter, weiter!«

9 Tu' das Natürliche

Für die Architektur ist jeder Tag Umwelttag. Eine planetarische Sicht erfordert eine Architektur, die sich einerseits zur Geltung zu bringen versteht, sich andererseits aber auch zurückzunehmen weiß. Irdische Architektur ist schließlich etwas anderes als das, was wir im All errichten werden. Hier unten muß das Ziel die Einbeziehung sein: Die Ordnungsphantasien sind ungesund, sie sind der Vater von Pestiziden, panoptischen Rundbauten und Gitterstrukturen ohne Ende, Amen. Die Architektur muß grün sein, sie muß ihre Fenster öffnen, um Dinge herein- und hinauszulassen, sie muß in den Zyklen mitwirken, die auch ohne uns ablaufen würden. Ich besinge hier diffuse Bauwerke, die, gelangweilt von den alten Diskussionen über ›Verschiedenheit‹, mit

Freude die Grenzen zwischen sich und den Wäldern verwischen. Ich singe von Ökologie, von Gebäuden, die sich ihrer Wurzeln sicher sind, von deren Ablehnung aller Arten des Gegeneinander-Aufrechnens, wonach die Höhe eines Gebäudes irgendwo anders eine negative Entsprechung hat, die von den Leuten nicht gesehen wird, die vor derlei Vorstellungen schon immer ihre Augen fest verschlossen hatten. Weshalb müssen wir immer noch die Erde mit Narben übersäen – Architektur möchte sich mit Erneuerung beschäftigen. Lasset es sprießen und blühen! Lasset uns bald unsere Gebäude aus Samen ziehen!

10 Ist es kaputt, dann reparier' es

Wozu dienen Gebäude, wenn nicht zum Gebrauch? Architektur um der Architektur willen ist reiner Narzißmus, sie kommt der Sache nicht näher als ein Roman oder ein glatt geschliffener Stein. Wie inspirierend ein Sandkorn auch sein mag, es ist nur eine Anregung, keine Antwort: Es birgt nun mal nicht die Welt. Heute herrscht, insbesondere im Umfeld der verschiedenen Schulen, hinsichtlich der Nützlichkeit der Architektur eine grausam verbohrte Verschwiegenheit. So sehr sich die Architektur allseits der Gefahr einer Verdrängung durch die Technik gegenübersieht, ihre wahre Verteidigung besteht dennoch nicht darin, sich in ein stets breiter werdendes Feld zu verzetteln – sich mit der Bildhauerei, dem Film, der Philosophie oder dem Gartenbau zu verschwistern und auf die großartige, bleibende Tatsache zu verzichten, daß sie wirklich nützlich ist, daß sie uns warm, trocken, neugierig, versteckt, naß, innen und draußen hält, uns schützt und uns der Gefahr aussetzt –, zugunsten irgendwelcher vager Formulierungen über Dichtung oder Kosmologie. Verstehen Sie mich bitte nicht falsch: Das Ganze funktioniert nur, wenn die Form wirklich autonom ist, wenn sie sozusagen in Freiheit geboren wird. Doch die unzähligen Glückseligkeiten des Wohnens unterdrücken zu wollen, wäre glatter Selbstmord. Die Architektur ist eine starke Arznei, und wir sind der Arzt. Wozu die Pille schlucken, wenn man sich nachher nicht besser fühlt.

11 Weniger ist tatsächlich weniger

Sind Sie genauso gelangweilt vom Minimalismus wie ich, von diesen müden alten Männern, die ihre leeren Schachteln verkloppen, als seien sie Gefäße der Tiefsinnigkeit? Irgendwann kommt der Zeitpunkt, da das kleine Quadrat aufhört, ein Abbild des Nichts zu sein, und wirklich wie ein kleines Quadrat auszusehen beginnt, da wir es überdrüssig werden, den Schwanz des nackten Kaisers anzustaunen, und sei er noch so groß. Heute ist das vonnöten, was die Techniker – unsere geradezu grotesk erfolgreichen verschwisterten Rivalen — ›Formschönheit‹ nennen. Sie haben eine elegante, beständige Vorstellung vom Minimalismus. Nicht der wortkarge, bedeutungsreduzierte Limbo-Minimalismus der Kunstwelt — jener sich immer weiter zurücknehmende, von paranoider Angst vor jeder Komplexität getriebene Minimalismus —, sondern der isomorphe Minimalismus von Flugzeugen, Raumschiffen oder Werkzeugmaschinen. Es kommt darauf an, formanregende Funktionen zu finden und funktionsanregende Formen, die Komplexität, die daher rührt, daß wir von der Architektur verlangen, alles und jedes zu leisten, was wir ihr abfordern, auch wenn seltsame neue Komplexitäten uns dazu verleiten, ständig mehr zu wollen. Wenn es kompliziert ist, dann her mit der Komplikation, Verschmelzung, nicht Spaltung, mehr Analogien, ein endloses Spiel des Anstachelns und Herausforderns. Bemühen wir uns um eine Architektur der gesteigerten Erwartungen und der unentwegten Verfeinerung!

12 Zurück zur Stadt

Die Stadt erfindet Architektur. Sie ist der Motor und die Werkstätte menschlicher Beziehungen, ein Modellsimulationscomputer, ein Stein von Rosette. Im Verlauf der letzten zwanzig Jahre hat es einen Wandel im Stadtbegriff der Architektur gegeben. Heute ist die Stadt viel zu sehr rein mnemistisch, zu wenig ein Terrain der Erfindung und der Kunst. Wir lieben Borges, sehen die Stadt aber nicht, wie er sie sieht, nämlich als Konvolut und Mysterium. Wir sehen nur Borges, der die Stadt betrachtet, und wir schließen unsere Augen in Nachahmung des Blicks des blinden Mannes. Stadtgestaltung beinhaltet heute praktisch nur noch die Pseudopsychoanalyse gealterter Formen. Wir kommen in die Praxis. Die Leiche liegt auf der Couch. Nach fünfzig Minuten sagen wir, »Ich fürchte, Ihre Zeit ist um.« Der Analysand ist aber kein Lazarus. Er liegt einfach da, und der Gestank wird immer schlimmer.

Genug davon. Die Architektur muß sich jetzt im Angesicht der Stadt wieder Mut zusprechen, sie muß wieder die Fähigkeit aktivieren, sich aus dem Nichts heraus neue Städte auszudenken, die unendlichen Möglichkeiten für neue Beziehungen durch bisher unbekannte Techniken der Nähe, durch glücklichere Visionen. Wir haben nicht Woodstock, Mai '68 und den Tienanmen-Platz mitgemacht, um einfach wieder bei unseren Eltern in den Vororten einzuziehen. Der moderne Urbanismus hat der Welt ein riesiges Vermächtnis von reduzierten Erwartungen gebracht. Wenn die Architektur auch nur eine einzige Pflicht hat, dann genau die, möglichst viele dieser Ansprüche wieder höher zu schrauben und sie unablässig weiter zu steigern, auch wenn Pappi und Mammi nein sagen. Die neue Stadt, erfunden mittels Induktion, derzeit aber keiner Kontrolle mehr gewachsen, braucht ebensoviele Zentren, wie es Einwohner gibt.

13 Schwanz wedelt mit Hund

Hoffnungen höher anzusetzen, könnte der ganze Trick sein. Eine der historischen Bitterkeiten der Architektur — und zugleich einer ihrer Reize — war immer, daß sie sich so oft über ihren eigentlichen Zugriffsbereich hinaus begibt. Ich bin Lamarckist in diesen Dingen. Sich übermäßig zu recken — wie die Giraffe, die sich mühsam dehnt, um an den zarten Blättern im Baumwipfel zu knabbern —, ist in meinen Augen die einzige Möglichkeit, hoch hinauszuwachsen. Wie man es auch betrachtet: Die Architektur hat es nie vermocht, menschliche Beziehungen wirklich zu erfinden, so brillant sie sie auch bis in die Einzelheiten planen oder verpacken mag. Nein, das höchste, was wir mittels Bauen wirklich tun können, ist überall eine Unmenge hübscher kleiner Störungen unterzubringen, die Einsichten und ›twists‹ (Verdrehungen) provozieren, sozusagen Flohbisse auf dem ›doggy politic‹ [dem ›Hündchen Staat‹, in Anlehnung an ›body politic‹], die es veranlassen, seine Lage zu wechseln und zu zappeln und sich zu kratzen wie ein toller Hund. Genug Aufregung dieser Art schafft einen neuen Köter. Sobald er einmal Chubby Checker gehört hat, will Fido wieder twisten. Zum Glück wird diese Aktivität eher komisch erscheinen. Großartig, meine ich. Möge es eine Menge lustiger Architektur geben. Laßt uns die furchtbare Last der Ernsthaftigkeit mit Lachsalven wegputzen.

14 Verkörperung des Körpers

Das menschliche Subjekt bildet den Mittelpunkt der Architektur. Das gilt ganz wörtlich, ist keine Metapher. Architektur wird nicht um eine Erinnerung oder ein Bild herum entworfen, sondern um einer konkreten Tatsache zu dienen, einer zweibeinigen und aufrecht gehenden, die Luft einatmet und anfällig ist für Erkältungen, glücklich und ängstlich, voller Launen. Nicht bewohnbare Architektur ist ein perfektes Oxymoron. Das heißt, daß jedes Bauen (und ›De-Konstruieren‹) letzten Endes prothetisch ist, sich mit der Erweiterung des menschlichen Körpers befaßt, mit extra Augen und Ohren, großen neuen Nasen, langen sehnigen Beinen und riesigen, stark verästelten Lungen. Wenn Architektur keine Intensivierung der Erfahrung bietet, wer braucht sie dann noch! Ansonsten mögen sich andere Künste ihrer Aufgaben annehmen. Das einzig Unangenehme an einer prothetisch vorgestellten Architektur ist, daß sie in der Tat einer gewissen Widernatürlichkeit Wege eröffnet. Wir wollen nicht, daß unsere Architektur uns in Roboter verwandelt, unsere Möglichkeiten durch den Entzug von Raum einschränkt und uns in einen narkoleptischen Zustand versetzt, den Walkman in den Ohren und das Fernbedienungsgerät in der Hand. Die Lösung heißt weiterzuarbeiten, unseren Motor anzuwerfen: Mehr wird immer auch mehr sein. Aber ich wiederhole: Laßt uns nicht zuviel Zeit vor dem Spiegel verbringen. Architektur sollte vom Inhalt her anthropomorph sein, aber nicht immer auch von der Form her — Mann/Frau ist nicht das einzige Maß, nur die einzige Rechtfertigung.

15 Mutatis mutandis

Wenn die Komplexität der Kultur anfängt zu sprießen, brauchen wir einen Heckenzaun gegen zuviel Ordnung. Architektur soll fehlbar und reichlich mit Makeln behaftet sein. Wir sollten uns die Architektur und unsere Methoden, sie zu schaffen, stets mit einer Grenze der Apraxie vorstellen: ein Ort, jenseits dessen sie versagt, nicht länger funktioniert, ein Punkt des Mißlingens, an dem das System einen Grad der Komplexität erreicht, über den hinaus sie nicht länger fähig ist, koordinierte Bewegungen auszuführen. Es gibt so etwas wie ein Zuviel an Architektur: Gebäude, die sich übernehmen, sollten zusammenkrachen und brennen, auf ihrem Rücken darniederliegen wie umgestoßene Krebse, ein einziger Haufen zappelnder Beine, ganz Verwundbarkeit und ängstliche Verkrampfung, leichte Beute. Jedes Heim sollte mit einer Mahnung an irgendeinen blöden eingestürzten Turm, mit einem kleinen Souvenir von Babel ausgestattet sein.

16 Sag' einfach nein

Gibt es Stimulanz ohne Sucht? Kann Architektur mehr wie ein Sweater sein und weniger wie eine Spritze? Nicht wie ein gewöhnlicher Sweater natürlich, sondern wie ein ganz ungewöhnlicher, ein aufregender Sweater, behaglich, nützlich, bezaubernd und überraschend. Ein Sweater wie kein anderer, aus einem Schrank voller wunderbarer Sweater. Die schönsten Freuden sind auserkoren, nicht aufgezwungen. Die Diktatur ist nur so lange niedergehalten, wie wir uns frei erinnern oder eben nicht erinnern können. Schließlich wird es auch Tage geben, an denen wir gar keinen Sweater brauchen.

17 Häßliche Architektur

Häßlich nennen die Furchtsamen das Neue. Da dies so ist, scheuen wir uns nicht vor dem gelegentlichen Akt des überlegten Terrors. Die große

Tyrannei dieser Welt bildet das Komplott, uns vor jeder Unvorherseh-barkeit zu bewahren. Das genetische Screening-Verfahren gestattet uns, den Fötus abzutreiben, der nicht die Hirnmasse für Harvard oder die nötigen Reflexe für einen Torwart hat. Das Einkaufszentrum stellt sicher, daß die Auswahl überall die gleiche ist. Die Perestroika garantiert jedem sein Pepsi. Möge sich die Architektur zur Anwältin der unver-nünftigen Phantasie aufschwingen: zu viel Pepsi oder gar keins! Archi-tekten sollten wild auf Sex sein, sich mit jedem und allem paaren, der oder das willig ist, und einen Orgasmus nach dem anderen haben. Ein großer Architekt zu sein, heißt, all seine Kinder zu lieben, besonders ihrer Unterschiede wegen. Laßt uns im Rabelaisschen Stil groteske, ver-rückte Architektur machen. Wie Bachtin uns zeigt, ist dies der Weg der Regeneration und der Utopie, eine freche Parodie der offiziellen Wege der Vernunft. Mir gefällt eine Architektur, die eine lange Nase macht.

18 Jeder ein Architekt

Weshalb hüten wir so eifersüchtig unsere Privilegien? Wieso verzichten wir nicht statt dessen auf sie? Die Architektur ist schließlich Gemeingut. Wie kommt es dann, daß wir so weiß, so männlich, so geschmackvoll angezogen sind? Und weshalb, schließlich, kennen nur so wenige uns wirklich von unserer besten Seite?

19 Architektur und kein Ende

Ein optimistischer, epochaler Abschluß: Solange wir Tinte an den Hän-den haben, ist das Ende noch nicht nahe.

Jetzt möchte ich Ihnen einige Dias zeigen. Licht aus!

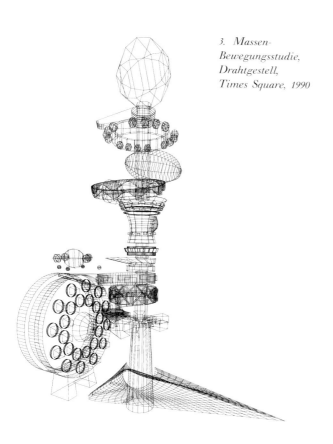

3. Massen-
Bewegungsstudie,
Drahtgestell,
Times Square, 1990

4. Parque Los
Olivos, Mexico
City, Modell
(Tag), 1990

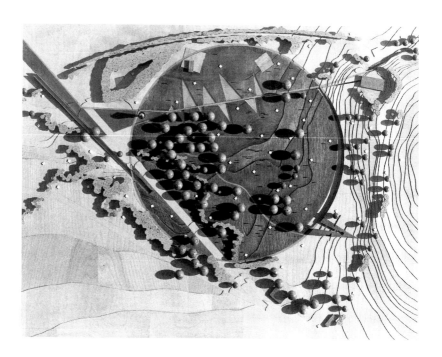

5. Parque Los
Olivos, Jugend-
zentrum, Modell
(mit Dach),
Mexico City, 1990

6. Parque Los
Olivos, Jugend-
zentrum, Modell
(ohne Dach),
Mexico City, 1990

7. Rancho Mirage
City Hall, Rancho
Mirage, Califor-
nien, Aufriß, 1990

8. Zug-Häuser,
New York City,
Modell, 1990

9. Frosch, Tier-
Häuser (Nr. 2),
1991

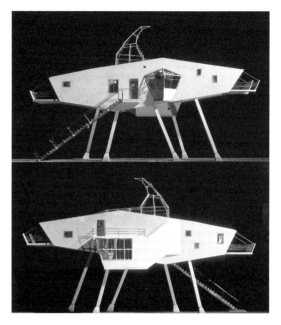

10. Hund, Tier-
Häuser (Nr. 1),
Modell, 1990

12. Erdferkel,
Tier-Häuser
(Nr. 8), Modell,
1991

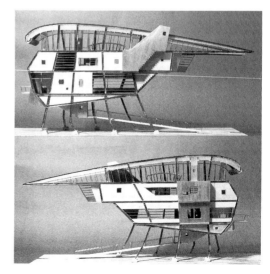

11. Schaf, Tier-
Häuser (Nr. 5),
Soho, New York,
1991

13. Schaf, Tier-
Häuser, (Nr. 5),
Yosemite, 1991

14. Schaf, Tier-
Häuser (Nr. 5),
Modell, Detail,
1991

15 Essiggurke,
Hanseatischer
Wolkenkratzer
(Nr. 5), Hamburg,
1991

MICHAEL SORKIN   133

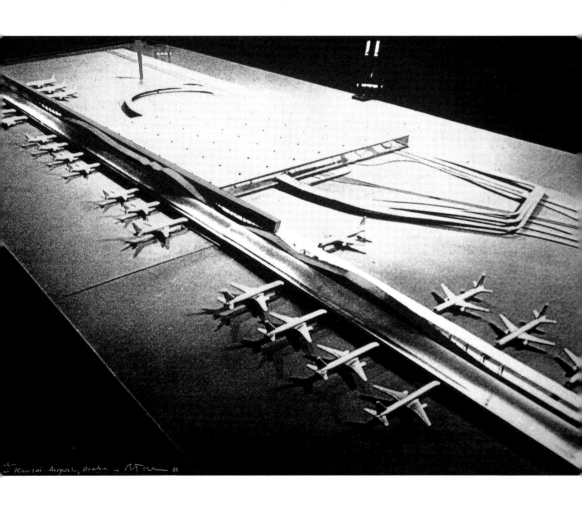

Kansai Airport, Osaka — RR 88

Bernard Tschumi

ARCHITEKTUR UND EREIGNIS

VERNETZUNG

Architektur hat seit jeher in gleichem Maße mit dem ›Ereignis‹ zu tun, das innerhalb eines Raums stattfindet, wie mit dem Raum selbst. In der heutigen Welt, in der Bahnhöfe zu Museen und Kirchen zu Nachtclubs umfunktioniert werden, kristallisiert sich ein bestimmtes Prinzip heraus: die absolute Austauschbarkeit von Form und Funktion, der Verlust traditioneller oder allgemeingültiger Kausalzusammenhänge, wie sie durch die Moderne sanktioniert wurden. Weder leitet sich die Funktion aus der Form ab, noch die Form aus der Funktion oder gar aus der Fiktion. Allerdings wirken sie sehr wohl wechselseitig aufeinander ein.

Wenn sich eine ›Schockwirkung‹ nicht länger durch das Hintereinander und Nebeneinander verschiedener Fassaden und Eingangshallen auslösen läßt, dann vielleicht durch das Nebeneinander der Ereignisse, die in den Räumen hinter den Fassaden stattfinden.

Wenn, wie Kritiker der Rechten und der Linken (von Andreas Huyssens bis Jean Baudrillard) gleichermaßen konstatieren, »die Verunreinigung sämtlicher Kategorien, der ständige Austausch, die Vermengung der Stile« tatsächlich die neue Tendenz unserer Zeit darstellt, dann kann man sie sich ebensogut zunutze machen, zugunsten einer generellen Verjüngung der Architektur. Wenn Architektur gleichermaßen Konzept wie Erlebnis ist, Raum wie Nutzung, gebaute Struktur ebenso wie äußere Erscheinungsform — ohne jede hierarchische Wertung —, dann sollte die Architektur aufhören, zwischen diesen Kategorien zu trennen, und sie zu bislang unbekannten Kombinationen von Zweckbestimmung und Raum verschmelzen. ›Vernetzung‹, ›Umfunktionierung‹, ›Entflechtung‹: Ich habe mich an anderer Stelle ausführlich über diese Konzepte, die Verlagerung und gegenseitige Verunreinigung der Bestimmungen, geäußert.

1. New Kansai International Airport, Osaka, Japan, Photogramm, 1988

EREIGNISSE: DER WENDEPUNKT

Meine eigene Arbeit in den siebziger Jahren ging immer wieder von der Idee aus, daß es keine Architektur ohne Ereignis gäbe, keine Architektur ohne Handlung, ohne Aktivitäten, ohne Funktionen; daß Architektur als die Kombination von Räumen, Ereignissen und Bewegungen aufzufassen sei ohne jegliche Hierarchie oder Rangordnung unter diesen Konzepten. Selbstverständlich stellt die hierarchische Kausalbeziehung zwischen Funktion und Form eine der großen Gewißheiten in den Überlegungen zur Architektur dar — jene Gewißheit, die hinter der beruhigenden *idée reçue* des gemeinschaftlichen Lebens liegt, nach der wir in Häusern wohnen, die »entworfen wurden, um unsere Bedürfnisse zu befriedigen«, beziehungsweise in Städten, die als Maschinen zum Bewohnen geplant wurden.

Jeder Beiklang von ›Geborgenheit‹, der mit dieser Vorstellung einhergeht, widerstrebt sowohl dem konkreten ›Vergnügen‹, welches Architektur durch die überraschende Verbindung unterschiedlicher Nutzungen bereitet, wie auch der Realität des heutigen urbanen Alltags, in seinen stimulierendsten ebenso wie in seinen beunruhigendsten Tendenzen. Aus diesem Grund ließ sich in Projekten wie den ›Manhattan Transcripts‹ Architektur nicht durch Form oder gar durch Mauern definieren, sondern zwangsläufig nur durch die Verbindung heterogener, disjunktiver Nutzungen.

Die Einbeziehung der Begriffe ›Ereignis‹ und ›Bewegung‹ ist sicherlich ein Ausfluß situationsbezogener Überlegungen und der Zeit der 68er. ›Les événements‹, wie sie genannt wurden, waren nicht nur ›Ereignisse‹ im Handeln, sondern auch im Denken. In einer Pariser Straße (die Form) eine Barrikade zu errichten (die Funktion) ist nicht ganz das-

2. New Kansai International Airport, Osaka, Japan, Photogramm, 1988

3. New Kansai International Airport, Osaka, Japan, Photogramm, 1988

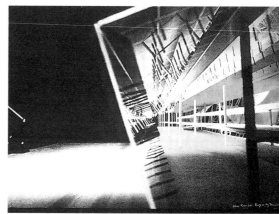

4. *American*
Library, Berlin,
Photogramm, 1988

selbe wie in der gleichen Straße (die Form) zu flanieren (die Funktion).
In der Rotunde (die Form) zu dinieren (die Funktion) ist nicht ganz das-
selbe wie in ihr zu lesen oder zu schwimmen. Sämtliche hierarchische
Beziehungen zwischen Form und Funktion hören hier auf zu existieren.

In dieser befremdenden Verbindung von Ereignissen und Räumen
steckte ein ungeheures subversives Potential, denn sie stellte sowohl die
Funktion wie auch den Raum in Frage: Eine Konfrontation dieser Art
entspricht der von den Surrealisten zelebrierten Begegnung von Fahrrad
und Regenschirm auf dem Seziertisch.

Wir erleben es heute in Tokio, in dessen Hochhäusern sämtliche
Etagen den verschiedensten Nutzungszwecken dienen: ein Kaufhaus, ein
Museum, ein Fitneßstudio, ein Bahnhof und auf dem Dach Golfübungs-
plätze. Und wir werden es in den Nutzungsprogrammen der Zukunft
sehen, wenn Flughäfen zur gleichen Zeit auch Amüsierhallen, Sportstät-
ten, Kinos usw. sind. Ob sie nun das Ergebnis zufälliger Kombinationen
oder auf die Zwänge ständig steigender Grundstückspreise zurückzufüh-
ren sind: Derlei nicht-kausale Beziehungen zwischen Form und Funk-

tion oder zwischen Raum und Tätigkeit stellen in jedem Fall die poetischen Begegnungen unvermuteter Bettgenossen in den Schatten.

Foucault hatte, wie John Rajchman in einem kürzlich erschienenen, hervorragenden Buch in Erinnerung ruft, den Begriff ›Ereignis‹ in einem erweiterten Sinn gebraucht, der über die einzelne Handlung oder Tätigkeit hinausging. Er sprach von »Ereignissen des Denkens«. Ich möchte die These aufstellen, daß die Zukunft der Architektur heute in der Konstruktion derartiger Ereignisse liegt. Nach Foucault ist ein Ereignis nicht bloß eine logische Folge von Wörtern oder Handlungen, sondern vielmehr »der Moment der Erosion, des Zusammenbruchs, der Infragestellung oder Problematisierung der eigentlichen Voraussetzungen des Schauplatzes, in dem ein Schauspiel stattfinden kann — so daß sich die Chance oder die Möglichkeit eines neuen, anderen Schauplatzes ergibt« (Rajchman). Das Ereignis wird hier — konträr zu Thesen wie ›form follows function‹ — als ein ›Wendepunkt‹ und nicht als ein Ausgangs- oder Endpunkt aufgefaßt.

Ebenso wichtig ist die mit dem Ereignis einhergehende Raumkonzeption. Noch einmal Foucault: »Hier finden Ereignisse statt in einem Raum, den wir für uns zum Bewohnen errichten: Heterotopia.« Ein Konzept wie dieses unterscheidet sich natürlich ganz kraß vom Projekt der Moderne, das auf die Bekräftigung etablierter Werte in einer vereinheitlichten Utopie aus war, während wir uns heute mit mannigfaltigen, fragmentierten, ›ver-rückten‹ Bereichen auseinandersetzen.

Einige Jahre später erweiterte Derrida die Definition des Begriffs ›Ereignis‹, als er es in einem Text über die ›follies‹ im Parc de la Villette als »das Zu-Tage-Treten einer disparaten Mannigfaltigkeit« bezeichnete. Ich hatte, in unseren Gesprächen und auch andernorts, stets darauf bestanden, daß diese ›follies‹ genannten Punkte Schauplätze verschiedener Aktivitäten, Orte mit bestimmten ihnen zugewiesenen Funktionen, sozusagen Ereignisstätten seien. Derrida befaßte sich ausführlich mit dieser Idee und entwarf die Möglichkeit einer »Architektur des Ereignisses«, die jenes ›er-eignen‹ oder aufbrechen würde, was in unserer Geschichte oder Tradition als unabänderlich, als absolut, gleichsam als monumental gilt.

Derrida hatte außerdem schon früher darauf hingewiesen, daß das Wort ›événement‹ (Ereignis) eine gemeinsame Wurzel mit dem Begriff ›invention‹ (Erfindung) aufweise: daher die Idee des Ereignisses, der Aktivität-im-Raum, des Wendepunktes, der Erfindung. Ich möchte sie hier zu der Idee des ›Schocks‹ in Beziehung setzen, eines Schocks, der, um in unserer Medienkultur, unserer Kultur der Bilder, effektiv zu sein, über die Definition Walter Benjamins hinausgehen und den Begriff der Funktion oder der Tätigkeit mit dem des Bildes verbinden muß. Tat-

5. *Library of France, Paris, Photogramm, 1989*

6. *Library of France, Paris, Photogramm, 1989*

sächlich befindet sich die Architektur in einer einzigartigen Lage: Sie ist die einzige Disziplin, die von ihrem Wesen her Konzept und Erlebnis, Erscheinungsbild und Nutzung, Bild und Struktur miteinander verbindet. Philosophen können schreiben, Mathematiker können virtuelle Räume entwickeln, Architekten aber sind die einzigen, die Gefangene jener hybriden Kunst sind, in der das Bild so gut wie nie ohne Kombination mit einer Tätigkeit existiert.

Die Architektur ist meines Erachtens alles andere als eine Disziplin, die unter der Unfähigkeit leidet, ihre Strukturen und Fundamente zu hinterfragen; ich möchte vielmehr behaupten, daß sie das Gebiet ist, auf dem sich im nächsten Jahrhundert die größten Neuerungen ergeben werden. Gerade die Heterogenität der Definition dessen, was Architektur ist — Raum, Handlung, Bewegung —, macht sie zu jenem ›Ereignis‹, jenem Ort des Schocks oder jener Stätte, an der wir uns selbst erfinden. Das Ereignis ist der Ort, an dem sich durch das Überdenken und die Neubestimmung der verschiedenen Elemente der Architektur (die vielfach zu gegenwärtigen sozialen Unbilden geführt oder zumindest beigetragen haben) deren Lösung ergeben könnte. Von seinem Wesen her ist das Ereignis der Ort der Kombination des Verschiedenartigen, der ›Differenz‹.

Selbstverständlich wird dies nicht durch die Nachahmung der Vergangenheit, etwa durch die Imitation barocker Ornamente, geschehen. Ebensowenig dadurch, daß die verschiedenen Verwerfungen und Ungewißheiten des heutigen Lebens lediglich durch die Art der äußeren Gestaltung kommentiert werden. Ich glaube nicht, daß es möglich ist, noch halte ich es für sinnvoll, Gebäude zu entwerfen, die von ihrer ›Form‹ her traditionelle Strukturen zu verwischen suchen, das heißt, die Formen aufweisen, die irgendwo zwischen Abstraktion und Gegenständlichkeit oder irgendwo zwischen Bauwerk und Ornament angesiedelt sind, oder die aus ästhetischen Gründen zerlegt oder ›ver-rückt‹ wurden. Die Architektur ist keine illustrative Kunst; sie veranschaulicht nicht irgendwelche Theorien. (Ich glaube nicht, daß es möglich ist, Dekonstruktion gezielt zu entwerfen ...) Man kann nicht eine neue Definition der Städte und ihrer Architektur entwerfen. Aber man könnte vielleicht die Bedingungen entwerfen, die es dieser nicht-hierarchischen, nicht-traditionellen Gesellschaft ermöglichen würden, sich zu entfalten. Durch Einsicht in das Wesen unserer gegenwärtigen Lage und der mit ihr verbundenen Medienprozesse haben Architekten die Möglichkeit, Bedingungen zu konstruieren, die eine neuartige Stadt und neuartige Beziehungen zwischen Raum und Ereignis entstehen lassen werden.

Architektur befaßt sich nicht mit den Bedingungen des Gestaltens, sondern mit der Gestaltung von Bedingungen. Oder, um Paul Virilio zu paraphrasieren, unser Ziel heute besteht nicht darin, die Bedingungen der Konstruktion zu erfüllen, sondern zu der Konstruktion von Bedingungen zu gelangen, welche die am meisten traditionsgebundenen und regressiven Aspekte unserer Gesellschaft zu erschüttern vermögen und diese Elemente gleichzeitig in einer Art und Weise neu ordnen werden, die ein Höchstmaß an Befreiung gewährt, so daß unser Erleben sich darstellt als das Erleben der Ereignisse, die durch Architektur organisiert und als Strategie konzipiert werden. ›Strategie‹ ist heute ein Schlüsselwort in der Architektur. Keine Masterplans mehr, keine Errichtung an einer festgelegten Stelle, sondern ein neues Heterotopia: dahin drängen unsere Städte. Und wir Architekten müssen ihnen durch eine Intensivierung der fruchtbaren Kollision verschiedener Ereignisse und Räume dabei behilflich sein.

Tokio und New York erwecken lediglich den Anschein eines Chaos; tatsächlich jedoch markieren sie die Entstehung eines neuartigen städtischen Gefüges, einer neuen Urbanität. Ihre Konfrontationen und Kombinationen verschiedener Elemente könnten uns das Ereignis, den ›Schock‹ bereiten, der, so hoffe ich, die Architektur unserer Städte zu einem ›Wendepunkt‹ in Kultur und Gesellschaft machen wird.

7. *Glass Video Gallery, Groningen, Photogramm, Aufriß, 1990*

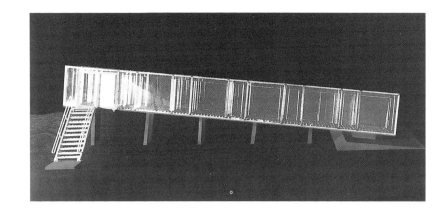

8. *Glass Video Gallery, Groningen, Photogramm, Gesprengte Isometrie, 1990*

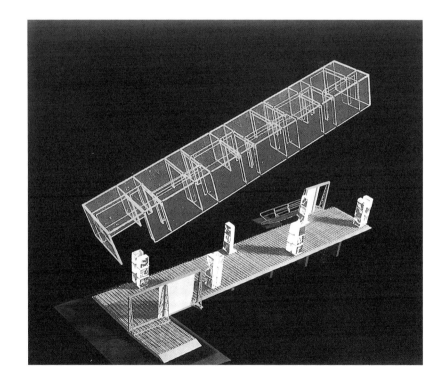

Lebbeus Woods

TERRA NOVA

Es freut mich, in Wien zu sein. Ich möchte Peter Noever und Regina Haslinger für ihre Einladung danken und danke auch meinen Freunden hier, die mir in den vergangenen zwei Tagen die Stadt gezeigt haben. Ich bin zum ersten Mal in Wien.

Mein Vortrag heute abend wird aus zwei Teilen bestehen. Zunächst werde ich über verschiedene Ideen sprechen, die mir wichtig erscheinen und die sich jeweils auf ganz bestimmte Art auf meine Arbeit ausgewirkt haben. Anschließend werde ich einige meiner Arbeiten zeigen: Projekte, die ich initiiert oder mit denen ich mich in den letzten drei Jahren befaßt habe; sie bilden eine Forschungs- und Entwicklungslinie, die auf Ideen basiert, die mich am meisten interessieren.

Bevor ich jedoch anfange, möchte ich noch sagen, daß ich heute nachmittag in der Meisterklasse von Wolf D. Prix an der hiesigen Hochschule für angewandte Kunst eine wahrlich erstaunliche Erfahrung gemacht habe. Es war für mich eine derart anregende und eindrucksvolle Erfahrung, daß ich jetzt, wo ich mit meinem Vortrag beginne, nicht weiß, ob sie nun gut oder schlecht war. Sie war gut, weil sie mir Energie gegeben hat; vielleicht war sie aber auch nicht so gut, weil ich mir darüber im klaren bin, daß mir jetzt ein womöglich höheres Niveau als gewöhnlich abverlangt wird. Doch ich bin froh darüber. Die Arbeit, die ich heute nachmittag gesehen habe, und der Geist dieses Graphikateliers waren für mich ungeheuer aufregend.

Es ist klar, daß ich Ihnen hier meine Arbeit vorführen soll, denn der Arbeit selbst kommt letztendlich die größte Bedeutung zu, und sie muß für sich stehen. Dennoch: Meine Aufgabe als Architekt besteht nicht nur darin, Formen zu schaffen, sondern auch Denkmodelle zu erarbeiten. Die spezifischen Gedanken, die Ideen sind für die Arbeit sehr wichtig.

Der Titel ›Terra nova‹, den ich diesem Vortrag gegeben habe, hat für mich zwei verschiedene Bedeutungen. Zunächst: ›etwas Neues‹. Neue Erde, wörtlich aufgefaßt, zugleich aber auch etwas Fremdes. Ich habe, als ich nach Wien kam, ein Wort kennengelernt, ich hoffe, es ist das passende Wort in diesem Zusammenhang: es heißt ›unheimlich‹. Ich weiß nicht, ob dies stimmt, aber es bezieht sich auf etwas Fremdes, etwas

1. ›Solohaus‹, 1988–89. Modell

bislang Unbekanntes und Ungewohntes. Wenn wir mit fremden, neuen, ungewohnten Dingen konfrontiert werden, geraten wir aus der Fassung, werden wir aus dem gewohnten Gleis geworfen. Das Fremde zwingt uns, uns aus unseren altgewohnten, bequemen Denkweisen zu lösen und uns einer neuen Realität zu stellen. Dies ist wichtig für mich, in der Arbeit wie auch im Leben.

Die Idee einer ›Terra nova‹ bezieht sich auch auf eine neue Natur, eine Art zweite Natur, die eine menschliche Natur ist. Man erinnere sich, wie in der biblischen Geschichte Adam und Eva aus dem Garten Eden, aus einer wunderbaren Harmonie mit der übrigen Natur und all den anderen Dingen darin, vertrieben wurden. Sie wurden vertrieben, weil sie nach Erkenntnis strebten. Diese Menschengeschöpfe wollten sich selbst ein Urteil darüber bilden, was gut und was böse sei, was die Welt in ihren Teilen und als Ganzes zusammenhalte. Also trennten sie sich von der Natur und gingen ihren eigenen Weg. Als eine Metapher für unser Menschsein ist diese Geschichte nach wie vor sehr schön, denn wir bleiben irgendwie von der Natur getrennt, und zugleich müssen wir die Natur auch gewissermaßen für uns selbst neu erfinden. Wir müssen uns die Welt neu erschaffen, um uns voll und ganz in ihr einzurichten. In diesem Sinne sind all unsere utopischen Entwürfe ein Versuch, den Garten Eden wiederzuerschaffen, das Paradies wiederzugewinnen, das wir verloren haben, weil wir darauf bestanden, eigene Erkenntnis zu erlangen.

Die Architektur ist meines Erachtens eine überaus wichtige Disziplin in dem Bestreben, die Natur und die Welt neu zu erschaffen, das verlorene Paradies neu zu erfinden, weil die Architektur so viele Aspekte der Gesamtheit der menschlichen Erfahrung anspricht. Die Komplexität und Mannigfaltigkeit des menschlichen Lebens und Denkens wird in der Architektur umgesetzt in etwas Materielles, Greifbares, etwas, was wir auf allen Ebenen erfahren, vom Kopf bis hinunter zum Bauch. Das ist der Grund, weshalb ich mich entschloß, Architekt zu werden. Als Einzelkind, das heißt, ausgestattet mit dem besonders dringenden Bedürfnis eines Einzelkindes, sich in die Welt einzufügen, gelangte ich zur Architektur, weil sie mir das Instrument zu sein schien, mit dessen Hilfe ich dies — durch einen Akt der Neuerschaffung — würde erreichen können. Dieser Gedanke ist vielleicht die wichtigste Triebkraft meiner Arbeit: Um ein Teil der Welt werden zu können, darf ich sie nicht bloß durch Kritik oder irgendeinen mimetischen Akt wiedergeben — ich muß die Welt erfinden. Nicht irgendeine Welt, nicht meine Welt, sondern die Welt schlechthin.

Um die Welt zu erfinden, muß ich alles in sie einbeziehen. Sie muß jeden umfassen, der sich hier in diesem Raum befindet, und ebenso jeden, der sich außerhalb dieses Raumes befindet; sie muß die Städte, die Natur, die Bäume, den Himmel einbeziehen, alles, in all seiner Vielfalt und Komplexität. Ich muß dies tun — ich bin einfach dazu gezwungen. Aber schließlich sind wir alle heute dazu gezwungen. Durch die gesamte Geschichte der abendländischen Kultur hindurch hat es eine kollektive Denkweise gegeben, auf die wir zurückgreifen konnten, um uns ein Bild von der Welt und von unserem individuellen Platz in ihr zu machen. Wir konnten uns immer auf eine Hierarchie der Autorität beziehen, die uns die Zusammenhänge der Welt zu erklären imstande war — Könige, Gelehrte, eine Geistlichkeit. Mehr und mehr jedoch müssen wir dies heute für uns selbst herausfinden. Wir sind gezwungen, Individuen zu sein. Die gesamte abendländische Geschichte hat meines Erachtens damit zu tun, daß wir uns in dieser ziemlich schrecklichen Lage befinden. Als Individuen müssen wir entscheiden, was richtig und was falsch ist. Wir sind mit der Entscheidung, wie wir handeln, ob gut oder schlecht, ganz auf uns selbst gestellt. Unser Handeln muß in Beziehung zu anderen, zu allem in der Welt stehen — und zwar nicht gestützt auf einen Regelkanon, der uns von irgendwelchen Autoritäten vorgeschrieben wird, sondern auf unsere eigenen Erfahrungen. In diesem Sinne sind wir alle gezwungen, die Welt zu erfinden und Verantwortung für sie zu tragen. Dieser Umstand versetzt jeden von uns in die Situation einer furchtbaren Unsicherheit, denn es ist nicht leicht, die Welt zu erfinden, besonders dann nicht, wenn sie auch andere mit einbeziehen soll. Dazu freilich sind Architekten ständig angehalten.

Daß wir in Unsicherheit und Unbestimmtheit leben, ist unser modernes Schicksal. Wir sind Bewohner eines Raumes und wissen dennoch nicht geanau, wie wir uns in ihm bewegen sollen. Wie machen wir das? Keiner weiß es. Keiner kann dir heute sagen, wie du zu handeln, zu denken, zu sein hast. Deswegen gefiel mir die Meisterklasse von Wolf Prix so sehr, bei der ich heute zu Gast war: Jeder einzelne dort war äußerst bemüht, an Hand seiner persönlichen Erfahrung der Verhältnisse eine eigene Art des Umgangs mit seiner Realität zu finden. Ich bin zwar älter als diese Studenten, aber ich bin immer noch ein Student und bemühe mich, indem ich Architektur schaffe, zu lernen und mein persönliches Weltbild zu entwickeln.

Bei allem, was ich gesagt habe, möchte ich eine Sache ganz eindeutig klarstellen: Es ist nicht meine Aufgabe, anderen vorzuschreiben, wie sie zu leben haben. Als Architekt, als Individuum vermag ich nur für mich selbst zu sprechen. Ich stehe hier und spreche nur für mich. Ich kann Ihnen nicht vorschreiben, wie Sie sich verhalten oder wie Sie handeln sollen. Dies ist Teil unserer Unbestimmtheit und Unsicherheit. Wir können aber ein Gespräch, einen Dialog führen. Wir können Gefühlseindrücke, Gedanken, Ideen austauschen. Jeder von uns kann Dinge machen und sich für sie stark machen in einem Forum, ob es sich nun um eine Akademieklasse handelt, um die Straßen einer Stadt, um Zeitschriften, Museen, wo auch immer dies stattfinden mag. Wir können diesen Dialog führen, sofern wir ihn führen wollen, und durch ihn werden wir meiner Meinung nach wieder zu irgendeiner Form von Gemeinschaft finden. Auch wenn jetzt noch unklar ist, wie diese Gemeinschaft aussehen könnte, auch wenn es uns nicht länger möglich ist, unser Leben einfach nach bestimmten Traditionen oder nach einer alteingewurzelten kollektiven Denkweise auszurichten, so ist doch eine neue Art von Gemeinschaft, eine neue Art von Stadt durch freien Austausch und Dialog denkbar. Es freut mich, sagen zu können, daß eine steigende Anzahl von Architekten willens ist, sich mit der Unbestimmtheit und Unsicherheit unserer heutigen Situation auseinanderzusetzen.

Wie also geht ein Architekt mit diesen Dingen um? Mit Hilfe von Raum und Form. Welcher Art von Raum, welcher Art von Form? Das freilich bleibt abzuwarten. Klar ist jetzt jedoch, daß Architekten Möglichkeiten des Raumaufbaus ins Auge fassen müssen, die sich von den klassischen Methoden, die für die Vergangenheit funktioniert haben, radikal unterscheiden. Wir kennen diese Methoden, sie entsprachen einer anderen, kollektiven Denk- und Lebensweise; jetzt aber bewegen wir uns auf unserem eigenen Grund und Boden, und wir müssen uns auf unsere Weise zurechtfinden. Ich glaube, es wird sich eine neuartige Architektur und eine neue Art menschlicher Gemeinschaft entwickeln. An Hand der Projekte, die ich heute abend zeigen will, werden Sie sehen, wie ich über diese beiden Themenbereiche im einzelnen denke.

Der direkteste Weg, auf dem Architekten unter sich und mit anderen einen Dialog führen können, ist der des Bauens. Ich komme darauf zu sprechen, weil das Bauen immer einen zentralen Punkt in der Architektur darstellt. Es ist wichtig, zu bauen: Architektur beschäftigt sich mit Bauen, das steht außer Frage. Ich glaube aber, daß es auch möglich ist, sich durch Zeichnungen und Modelle und andere Mittel — sogar durch Geschriebenes — auf einen Architektur-Dialog einzulassen. Ich bevorzuge das Visuelle. Gedanken, die sich in Worte fassen lassen, bilden irgendwie eine Parallele zu Gedanken, die in visueller Form dargestellt sind. Letztlich aber kommt es darauf an, daß wir die Energie des Dialogs erzeugen. Wir schaffen Architektur, in welcher Form auch immer es uns möglich ist. Wenn wir keinen Bauauftrag haben, machen wir unsere Architektur eben in der Form, die uns gerade offensteht. Wir machen einige Zeichnungen. Wir stellen sie zur Diskussion.

Hierzu fragen mich Leute manchmal: »Ist es Ihr Ernst? Möchten Sie dieses Bauwerk, das Sie entworfen haben, auch wirklich bauen?« Und ich antworte: »Ja, ich würde es gerne bauen. Ich möchte eine Sache gerne der Prüfung des Bauens unterziehen, denn das ist meiner Meinung nach der wichtigste Prüfstein. In meinen Zeichnungen aber habe ich bereits gebaut.« Für mich und hoffentlich auch für Sie existieren diese Bauwerke, und sie sind real. Sie sind gebaut, erbaut. Sie sind Materie und entspringen der Sphäre des rein Geistigen. Sie haben eine materielle Gestalt und sind greifbar. Also möchte ich Sie alle dazu ermutigen, nicht einfach zu glauben, das Bauen sei letzten Endes das einzige, was zählt. Wichtig ist, daß man seine Architektur macht, in welcher Form auch immer einem dies möglich ist, und daß man es dem Rest der Welt überläßt, sich um seine eigenen Sachen zu kümmern. Soweit mein Vorspann; ich möchte nun einige meiner Projekte zeigen.

DAS UNTERIRDISCHE BERLIN

Im Laufe der Jahre habe ich zahlreiche meiner Projekte selbst initiiert. Einige meiner gelungensten Projekte aber — die aus den letzten drei Jahren, die ich heute abend zeigen werde — sind als Ergebnis einer Einladung zur Erarbeitung eines Entwurfs zustandegekommen, das heißt, ganz so, wie die meisten Architekten arbeiten. 1988 lud Kristin Feireiss, die zahlreiche Architekturausstellungen in verschiedenen europäischen Ländern organisiert hat und in Berlin die Galerie Aedes leitet, eine Reihe von Architekten ein, auf die Frage ›Berlin: Denkmal oder Denkmodell?‹ Projekt-Vorschläge für Berlin auszuarbeiten. Jeder weiß natür-

2. *Das unterirdische Berlin, 1988, Montage*

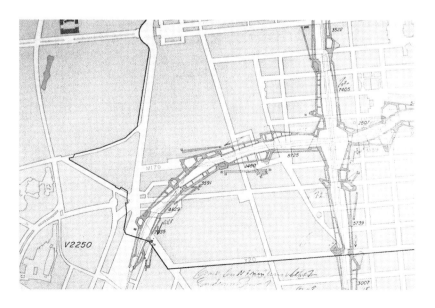

lich, was sich seit 1988 dort ereignet hat, damals aber war die Mauer noch auffallend präsent. Als Amerikaner war ich fasziniert von der Mauer, von der Vorstellung der politischen Teilung der Stadt — auch wenn die West-Berliner sie nicht weiter zu beachten schienen. Dieser besondere *U-Bahn-Plan* (Abb. 2), eine Montage, zeigt den Tiergarten, das Zentrum Berlins, die Friedrichstraße, Checkpoint Charlie, das Kulturforum ... Sie können sich, glaube ich, ein Bild machen. Als ich zum ersten Mal in Berlin war, erfuhr ich, daß die U-Bahn-Linien nach wie vor unter der Mauer hindurch verliefen, daß die Züge von West-Berlin aus durch den Ostteil fuhren und von dort wieder zurück, sie hielten einfach nicht in Ost-Berlin. Ich hatte den Eindruck, daß die Berliner, sollte ihre Stadt jemals wieder vereinigt werden, dies selbst in die Tat umsetzen würden, ohne Rücksicht auf die beteiligten Regierungen. Meine These lautete, daß sie an diese Sache unterirdisch herangehen und dazu die vorhandenen unterirdischen Räume der U-Bahn benutzen würden, die im Plan durch die hellen Linien angedeutet sind; darunter würden sie größere unterirdische Räume ausbauen, im Plan dargestellt durch die Strukturen unterhalb des Straßennetzes.

Im *Schnitt* (Abb. 3) sieht man das Straßenniveau der Friedrichstraße, darunter die U-Bahn-Linien und darunter wieder die von mir in die Diskussion gebrachten unterirdischen Räume, die ›Stadträume‹ einer unterirdisch existierenden Gemeinschaft. Innerhalb dieser ›Stadträume‹ würden die Menschen aus West und Ost überall heimlich anfangen, Gebäude zu errichten: eine neue Berliner Gemeinschaft. Da die konkrete Erscheinung der Stadt oben, das heißt auf der Ebene der Straße, festliegt, würden die Menschen ihre Gebäude vom Straßenniveau nach unten bauen und auf diese Weise eine umgekehrte Stadt aus umgekehrten Hochhäusern kreieren.

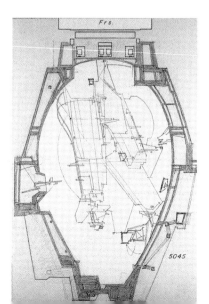 

3. Das unterirdische Berlin, 1988. Schnitt, Stadtraum mit umgekehrten Hochhäusern

4. Das unterirdische Berlin, 1988, Stadtraum mit umgekehrtem Hochhaus und Brücke

Diese *ungekehrten Hochhäuser* (Abb. 4) würden zum Wohnen wie auch zum Arbeiten — als notgedrungen sehr kompakt und gebündelt — gebaut. Eine Prämisse meiner Projekte ist die, daß ich nicht nur an einer Architektur interessiert bin, die einer schon bestehenden Vorstellung vom Wohnen dient; was mich weit mehr interessiert, ist die Aussicht auf neuartige Wohn- und Lebensmodelle — ganz im Sinne meiner früheren Feststellung, das Fremde, das Neue verhelfe uns durch seine Schockwirkung zu einem neuen, zutiefst persönlichen Weltbild. Also hatte ich das Gefühl, wichtiger noch als der politische Aspekt dieses Projektes, der dessen Ausgangsprämisse bildete, sei ein Komplex neuer Lebensbedingungen, jene Lebensbedingungen, die man unter der Erde, in der Erde vorfindet, wo wir vorher immer nur Züge oder — noch weit gebräuchlicher — die Toten unterbrachten. Doch hier würden wir eine neuartige Gemeinschaft errichten, aus Gebäuden, die von den oberen Ebenen nach unten gebaut oder die eine Brücke quer durch den ›Stadtraum‹ schlagen und so den Grund zu einer neuen Lebensform legen würden.

Eine neue Lebensform — wie soll sie aussehen? Nun, die Art und Weise, wie wir unser Leben strukturieren, ist immer eng verknüpft mit den physikalischen Bedingungen der Welt, in der wir leben, einschließlich derjenigen unter der Erde. Dort gibt es eine völlig neue Sphäre physikalischer Kräfte: seismische Kräfte, Gravitationskräfte, elektromagnetische Kräfte, die innerhalb der gesamten planetaren Masse der Erde wirksam sind. Die Lebensform, die ich mir vorstellte, die ich konkret plante, sollte irgendwie für diese unterirdische Sphäre physikalischer Bedingungen und Kräfte empfänglich sein. Die Architektur, das heißt die Gebäude, setzen sich aus dünnen Metallblechplatten zusammen, die durch empfindliche Instrumente oder Materialien voneinander getrennt sind; diese würden es den Bewohnern ermöglichen, das feine, fast unmerkliche Spiel der Kräfte im Innern der Erde zu spüren. Die Gebäude sind selbst beinahe wie Instrumente, wie Musikinstrumente, in dem Sinne, daß sie harmonisch die sehr präzisen von geomechanischen und geomagnetischen Kräften verursachten Schwingungen nachvollziehen. Diese werden vielleicht nicht gehört, sie sind viellleicht auch nicht immer spürbar, aber auf der Ebene des Denkens und seiner elektromagnetischen Realität wird durch die Instrumentierung der Architektur ein Einklang mit der Erde und mit dem unmittelbar gegebenen Augenblick erzielt. Das gesamte Netz der miteinander verbundenen Gebäude resoniert als Ensemble, als eine Grundeinheit der Stadt.

Jedes dieser Gebäude ist ein ›Wohn- und Lebenslabor‹, das heißt, ein Labor für experimentelles Leben, für das existentiell-augenblickliche Sein. Was machen wir? Warum tun wir überhaupt etwas? Warum stehen wir morgens auf und tun das, was wir tun? Diese Fragen stelle ich immer. In der unterirdischen Stadt wird der Zweck des Lebens darin gesehen, voll und ganz in der Gegenwart, im Jetzt zu leben, im Einklang mit exakten, aber veränderlichen physikalischen Bedingungen. Ich meine das nicht in einem spirituellen oder metaphysischen Sinne – von diesen Dingen weiß ich nichts. Alles was ich weiß, ist, was ich fühle, was ich schmecke und berühre. Dies ist, wenn man so will, eine Architektur der Sinne, eine Architektur der Materialität, eine Architektur, die man fühlt.

Ich werde heute abend noch eine Menge weiterer Zeichnungen zeigen: Das Zeichnen ist für mich eine Möglichkeit, mich in einen architektonischen Raum, eine architektonische Form hineinzudenken. Aber auch Modelle sind wichtig. Mit jeder neuen Stufe in der architektonischen Entwicklung werden die vorhergehenden Stufen einer Prüfung unterzogen. Im Projekt für das unterirdische Berlin wurden daher Modelle angefertigt, um die in den Zeichnungen artikulierten Ideen einer Prüfung zu unterziehen. Sogar diese Modelle aus Pappe und Holz erreichen eine Stufe, die über die der Zeichnungen hinausgeht und auf der die Einzelheiten der Tektonik und der Räumlichkeiten untersucht wurden.

Während ich mir den Plan für eine unterirdische Stadt ausdachte und dabei die Lebensform berücksichtigte, die aus einer neuartigen Sphäre physikalischer Bedingungen erwachsen würde, wurde mir bewußt, daß ihre Bewohner eines Tages wieder das Bedürfnis haben würden, zur Erdoberfläche, von der sie stammten, zurückzukehren, Ich überlegte mir, daß sie wohl nicht in einer passiven Art und Weise zur Oberfläche zurückkehren würden, da sie bestimmt das Bedürfnis hätten, die aufgrund

5. Das unterirdische Berlin, 1988, Modell Alexanderplatz, Projektionsturm

6. Das unterirdische Berlin, 1988, Alexanderplatz, Projektionsturm

ihrer Erfahrungen unten gewonnenen Erkenntnisse mitzubringen. In den unterirdischen ›Stadträumen‹ würden sie — in meiner Vision — ›Hochhäuser‹ bauen, die eines Tages die Erdoberfläche und die Grundfläche der Stadt oben durchstoßen würden. Ich nenne diese Hochhäuser ›*Projektionstürme*‹ (Abb. 5). Sie projizieren die Idee, die Energie des Wiederauftauchens, aber auch Physikalisches: also eine menschliche Energie, zugleich aber auch eine Energie, die aus der Vorstellung vom Physikalischen entsteht, vom Jetzt, von der Zartheit des Gebauten und vom Erspüren der feinen, aber doch wuchtigen Kräfte, die im Innern der Erde wirken. Die Modelle dienten der Untersuchung der Idee eines Projektionsturmes: ein einzelner Schaft, auf dem andere Elemente errichtet werden. Projiziert werden also nicht einfach die Elemente des Turmes selbst, sondern Elemente, die sich vom Turm lösen sollen, die den Turm verlassen, hinter sich lassen sollen. Der zentrale Schaft wurde zur Gerüststange für die Errichtung kleinerer Elemente, die angelegt sind, sich zu lösen, also hinauszuströmen in die Weite der Welt. In einer weiteren Zeichnung (Abb. 6) habe ich versucht zu zeigen, wie diese Projektion aussehen könnte. Die Elemente, die Fragmente würden vom Turm gestoßen, fortgeworfen — ich wußte nicht, wie oder warum. Sie sind einfach wie Samen oder Sporen: die generativen Elemente einer neuen Kultur der Physikalität, die in die Welt hinausgesandt werden.

DAS PARIS DER LÜFTE

Das war 1988. Ich hatte das Projekt so weit vorangetrieben, wie es mir damals möglich war. Im nächsten Jahr sagte Kristin Feireiss, eine meiner besten Kundinnen: »Also, jetzt werden wir ein paar Projekte für Paris machen.« Und ich erwiderte: »Großartig, darauf habe ich gewartet.« Für diese Sache, sagte sie, würde von mir die Erarbeitung eines Projekt-Vorschlags für die Stadt Paris zu Beginn des 21. Jahrhunderts verlangt: ›Paris: Architektur und Utopia:‹ Fein.

Nun, für mich war es ganz selbstverständlich, mich auf mein Berliner Projekt zu besinnen, und das letzte, woran ich mich in dem Zusammenhang erinnerte, waren diese Elemente, die zum Himmel stoben, hin zu irgendeinem unbekannten Bestimmungsort. Und ich sagte: »Aber natürlich, sie fliegen nach Paris.« Und über Paris wird folgendes geschehen: Sie werden sich im Himmel über der Stadt sammeln. Berlin ist eine Stadt des Nordens. Es ist eine Stadt der Interieurs, unter der Erde und über ihr. Paris aber ist mehr eine Stadt des Südens, eine Stadt des Lichts und der Luft: Alljährlich gibt es die Pariser Luftfahrtschau. Auf diese Weise wurde aus meinem Projekt ›*Das Paris der Lüfte*‹.

Die Fragmente, die tektonischen Elemente des Berliner Projekts, die einer Kultur der Erde entsprungen waren, wurden alle zusammengetragen und zusammengefügt, so daß sie ein Projekt über Paris ergaben. Es war eine rein experimentelle Idee: Als ich anfing, wußte ich nicht, was am Ende dabei herauskommen würde. Ich begann, die Synthese der Fragmente zu erkunden, dann stellte ich mir Gebäude vor, Luftgebäude, zusammengesetzt aus jenen Materialbruchstücken. Außerdem stellte ich mir die Tektonik vor, die sich aus der Zusammenfügung dieser Teile ergeben würde. Wie würde man die gekrümmten Flächen hinkriegen, und wie würde man sie miteinander verbinden? Und wie würde ihre Beziehung zur Erde unten aussehen? In meinen ersten Zeichnungen gingen diese Kabel nur bis zum Rand der Zeichnung und führten von dort irgendwohin. Das war aber in Ordnung, es reichte für den Anfang. Ich hatte das Gefühl, daß da eine Verbindung zur Erde vorhanden war. Ich machte weiter, denn die Idee erschien faszinierend.

Da ich ein sehr praktischer Mensch bin – das bin ich wirklich –, sagte ich mir: »Na gut, was hält diese Dinge in der Luft? Wie können sie sich in der Luft halten? Jahrtausendelang haben die Menschen vom Fliegen geträumt, aber sie konnten es nicht. Jetzt haben sie Flugmotoren erfunden. Doch diese Luftgebäude schweben – sie sind keine Motoren. Wie ist das zu schaffen?« Also begann ich, den Plan eines ›magnetischen Auftriebs‹ zu entwerfen. Die Erde ist bekanntlich von einem starken Magnetfeld umgeben, bei dem es sich im Grunde um ein elektrostatisches Feld handelt. Würde man innerhalb dieses Feldes eine Form, ein schweres Objekt bilden, das mit einem entsprechenden elektrostatischen Feld aufgeladen wäre, so würde sich eine Art Magnetismus ergeben. In der Luft würden die von mir geplanten Gebäude zu bipolaren Magneten werden, und sie würden sich der sie umgebenden magnetischen Felder der Erde bedienen, um aufzusteigen. Der Vorgang wäre im großen und ganzen der gleiche wie bei dem kleinen Kügelchen aus supraleitfähigem Material, das uns die Medien vor einigen Jahren im Schwebezustand über einem elektrostatischen Feld zeigten. Also machte ich mir diese Idee zu eigen und entwickelte Pläne für eine neue Technologie. Ich halte es für ganz selbstverständlich, daß Architekten Ideen für Technologien entwickeln, die Technologie vorantreiben. Sollen Ingenieure die mathematischen Berechnungen durchführen, wir aber sollten den Vorschlag unterbreiten und nicht einfach nur sagen: »Welche Möglichkeiten eröffnet uns die Technologie?« Es liegt an uns Architekten, der Technologie neue Möglichkeiten zu eröffnen. So habe ich also das Wort hinaus auf den Flug geschickt.

Als ich anfing, diese Luftgebäude zu entwickeln, interessierte ich mich sehr für die typisch architektonischen Fragen der Konstruktion, aber

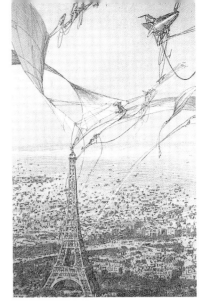

7. Das Paris der Lüfte, 1989, Luftlaboratorien mit Netzen, Heterarchie

8. Das Paris der Lüfte, 1989, Wirbelstrom über dem Eiffelturm

auch für die von Form und Raum. Weil ich meistens alleine arbeite, ist das Zeichnen für mich eine Möglichkeit zu gestalten, zu bilden, zu konstruieren. In meinen einleitenden Bemerkungen sagte ich: »Ja tatsächlich, ich baue.« Also baue ich in meinen Zeichnungen, ich baue so vollständig, wie es mir eben möglich ist, indem ich mit der detaillierten Methode vorgehe, die ich entwickelt habe. Ich interessiere mich für die Verbindung der Teile. Ich interessiere mich für den Charakter der Oberfläche. Ich interessiere mich für die Art und Weise, in welcher die einzelnen Elemente exakt zusammentreffen. Meine Zeichnungen sind Erkundungen der Architektur auf vielerlei Ebenen.

Als ich die Serie dieser Luftgebäude entwickelte, erkannte ich, daß sich jedes einzelne zu einer anderen Form entwickelte, jedes wirkt einzigartig und individuell. Michael Sorkin nennt eines (Abb. 7) »Boxymoron«, eine perfekte Bezeichnung (die sich auf Deutsch natürlich nur unvollständig übertragen läßt: ›boxy‹ heißt kisten- oder kastenförmig, das Schimpfwort ›moron‹ bedeutet so viel wie ›Trottel‹, und das Ganze bildet eben eine besondere Art von (B)Oxymoron, von innerem Widerspruch). Es hat mit den Widersprüchen zu tun, die sich aus der Verbindung von einfacher euklidischer Geometrie mit etwas eher Ungewohntem und Mehrdeutigem ergeben. Daher gefällt mir diese Bezeichnung. Ich erwähne es immer gerne, weil Sorkin genau verstanden hat, worum es bei dieser Beziehung ging.

Als ich mir die verschiedenen Luftgebäude nach und nach ansah, begann ich mir zu überlegen, was für ein Ensemble, was für eine Verbindung sie ergeben würden. Die Gebäude sind offensichtlich ungebunden, sie sind kinetisch und bewegen sich im Fluß der Atmosphäre. Während ich die Stadtlandschaft von Paris studierte, betrachtete ich den Eiffelturm und sagte: »Na, da haben wir ein riesiges Stück Eisen, und Eisen verformt elektromagnetische Felder; es erzeugt also eine Art Wirbelstrom über dem Turm.« Hier verbinden sich die Luftgebäude mit einem neuen Element: die Netze drehen sich nicht nur im Wind, sondern auch im magnetischen Wirbelstrom, der den Turm umgibt (Abb. 8). In anderen Teilen von Paris ergibt sich durch das Fehlen magnetischer Verzerrungen ein ruhigerer Fluß der Gebäude und Netze, und zwar eher seitwärts und waagerecht. Jedenfalls aber waren die Netze nun zu einem Teil des Ensembles in der Luft geworden; sie werden von den schweren Gebäuden durch die Luft gezogen. In diesem ›Stadt-Plan‹ von Paris gibt es einen unablässigen Strom von Momenten, in denen diese Netze eine neuartige Gitterstruktur, eine neue Art von Stadtstruktur bilden, die zum Schlüssel für eine neuartige Gemeinschaft wird, die sich im Himmel über der Stadt formiert und dort immer wieder umgeformt wird.

Ich spreche von einer neuen Stadt, einer neuen Gemeinschaft. Welche Art Gemeinschaft können freischwebende Gebäude hervorbringen, deren jeweilige örtliche Situation festliegt? Ihre Bewohner sind gewissermaßen wie Zigeuner oder wie Menschen, die in Autos leben. Welche Art von Ensemble könnten sie bilden? Ich machte eine Reihe von Zeichnungen, in denen ich verschiedene veränderliche Strukturen erforschte, Gruppierungen, die provisorisch zu sein schienen, ohne Zentrum, ohne irgendeine Art von Hierarchie oder starrer Ordnung. Jede Zeichnung stellt einen Augenblick in einer endlosen Folge von Verschiebungen und Veränderungen dar. Irgendwann erkannte ich schließlich, um welche Art Gemeinschaft es hier ging, was jetzt das Programm für mein Projekt geworden war.

Das Ganze war ein Zirkus, ein Luftzirkus. Er wird von einer Gruppe von Individuen geschaffen, die das Leben in der veränderlichen Atmosphäre des Himmels höchst geschickt zu bewältigen lernen; sie treten als Individuen auf, treffen sich aber in verschiedenartigen temporären Zusammenstellungen, ganz wie es ihrem freien Wunsch entspricht, auf eine unvorhersehbare Weise also. Der gesamte Komplex ihrer Formen und Auftritte hat weder eine von vornherein festgelegte Komposition oder irgendeine klassische Ordnung, noch kennt er ein Zentrum, eine Hierarchie oder eine Symmetrie. Betrachtet man die vorübergehenden Ensembles jeweils sehr genau, so gilt das gleiche Prinzip auch für ihre Verbindung untereinander sowie für die verschiedenen Elemente innerhalb jedes einzelnen Gebäudes. Jede Zeichnung, die ich gemacht habe, zeigt einen Augenblick, nur einen kurzen Moment im unaufhörlichen Sich-Verschieben der Gebäude, in Reaktion auf individuelle Bewegungen und nicht vorhersagbare atmosphärische Verhältnisse.

Nun aber, um zu beweisen, daß ich Ingenieur bin, werde ich sagen, wie die einzelnen Luftgebäude elektrisch aufgeladen werden, um die erforderlichen bipolaren Felder zu erzeugen, durch die sie oben gehalten werden. Ein Aspekt ist der, daß in den großen Netzen, während sie durch die Lüfte geschleppt werden, eine gewaltige Akkumulation von statischer Elektrizität entsteht, wozu noch die Elektrizität hinzukommt, die durch die bloße Bewegung und durch das Magnetfeld der Erde gewonnen wird. Die Kabel, die in den Zeichnungen den Gebäuden entspringen und ›irgendwohin‹ führen, verbinden die Netze mit den Luftgebäuden und leiten so die unablässig erzeugte elektrische Energie zu den Gebäuden. Aus diesem Grund — und in der von mir dargelegten Art und Weise — fliegen sie.

Interessanter vielleicht ist die Architektur der Netze. In der Meisterklasse haben wir heute interessante Projekte gesehen, die sich mit dem Thema der temporären Form befaßten. In besonderen Zeichnungen, die ich mit größter Begeisterung für diese Netzstrukturen gemacht habe, erkundete ich ihre Biegungen und Windungen, die Vorstellung von einer Architektur, die Raum umgrenzt und ordnet, stets aber auf wechselnde und unerwartete Art und Weise.

Es gibt eine Vielzahl von Zeichnungen zu diesem Projekt. Ich werde nicht alle zeigen. Jede erforscht diverse Möglichkeiten, Elemente, die für sich einzigartig sind, auf verschiedene Weise zusammenzufügen — auf der Suche nach einer unvorhersehbaren Architektur, nach etwas Kinetischem und kaum Faßbarem, das zugleich aber real und immer Teil einer Welt der Lüfte ist. Irgendwann kam der Zeitpunkt, da ich mich entschloß, die gezeichneten Ideen und die Architektur weiteren Prüfungen zu unterziehen und eines der Luftgebäude tatsächlich zu bauen.

Was zunächst als *Modell eines geomagnetischen Luftlaboratoriums* begann, entpuppte sich schließlich als ein Bauwerk im Maßstab 1 : 1 (Abb. 9). Ausgehend von einem eher herkömmlich gezeichneten Konstruktionsentwurf, machte ich mich gemeinsam mit einigen jungen Kollegen — die stark und tatkräftig sind — daran, in einer Werkstatt in Brooklyn eines dieser Gebäude zu bauen. Als es fertig war, hatte es eine Länge von vier Metern und ein beträchtliches Gewicht, war aber gleichwohl grazil, und die Verfrachtung nach Paris bereitete zahlreiche Probleme. Wir schafften es trotzdem. Als es im Pavillon de L'Arsenal eintraf, gab es einige Aufregung und Bestürzung bei den Mitarbeitern des Museums, letztlich aber konnten wir sie davon überzeugen, daß dies ›Architektur‹ sei — was schon für sich eine erstaunliche Leistung war. Also bezahlten sie die hohen Transportkosten. Das war das wichtigste. Außerdem engagierten sie — das war ganz ungewöhnlich, weil sie uns nicht zutrauten, es hoch oben im Raum aufzuhängen — Bergsteiger, um

9. Das Paris der Lüfte, 1989, Modell geomagnetisches Luftlaboratorium

auf die großen Tragbalken zu steigen und es an Kletterseilen aufzuhängen. Das war etwas ungeschickt, aber eine gute Idee.

Natürlich schwebt dieses Luftgebäude nicht in einem Magnetfeld. Das ist mir klar. Ich akzeptiere das. Aber wie ich schon sagte, die Technologie ist als Vorschlag da. Jetzt müssen die Techniker nur noch einen Weg finden, und ich bin sicher, sie finden einen. Das Innere des Gebäudes wurde nicht voll ausgearbeitet, da bei der Konstruktion weniger eine exakte Wiedergabe als vielmehr die verschiedenen Materialien — Stahlblech, Holz, Leitungskabel, Rohrleitungen — in den Mittelpunkt des Interesses rückten. Das Ganze wurde eher ein tektonisches und formales Experiment als eine voll ausgeprägte Architektur. Doch auch in dieser Hinsicht ist es nicht ohne Bedeutung. So erreicht es etwa im Zusammenbau der einzelnen Elemente die Vielförmigkeit, um die ich mich in meiner Arbeit immer bemühe — im Spannungsfeld zwischen Reflektierendem und Mattem, zwischen dem ganz Dünnen und dem Massiven, dem sehr straff Gespannten und dem eher Gelockerten und Ruhigen, zwischen Dingen, die sich bewegen, wie diese Klappe hier, und Dingen, die sich vergleichsweise völlig anders bewegen, wie etwa die breiten Stahlblechplatten.

ARCHITEKTUR DES LICHTS

Dieses Bauwerk läßt einen weiteren Aspekt der Architektur hervortreten, mit dem sich das nächste Projekt, das ich zeigen werde, noch unmittelbarer befaßt. Ich habe über Geometrie gesprochen, über Vorstellungen von Gemeinschaft und über Tektonik, aber noch nicht über Licht.

Ich möchte gestehen: Das Licht ist das, was meinen Lebenswillen begründet. Licht zu erblicken ist meine größte Freude, meine ›raison d'être‹. Trotzdem ist Licht etwas Seltsames. Raum ist von Licht erfüllt, dennoch können wir Licht nur sehen, wenn es von anderswoher reflektiert wird. Der Diaprojektor in diesem Saal wirft einen Lichtstrahl, der nur deshalb sichtbar ist, weil er reflektiert wird von Feuchtigkeit, von Wasserdampf, Zigarettenrauch — ich weiß nicht, was da alles in der Luft ist. Wir können das Licht nur in der Reflexion wahrnehmen.

Letztes Jahr entschloß ich mich, eine Reihe von Instrumenten zur Lichtmessung herzustellen, die ich als photometrische Instrumente bezeichne. Dabei handelt es sich um Konstruktionen aus einfachen Materialien — Stahl, Kupferdrähte und Metallfolien —, deren Zweck darin besteht, Licht zu reflektieren und zu messen. Wenn ich von Messung rede, meine ich, daß es uns nur durch die Bestimmung einer präzisen lichtreflektierenden Form möglich ist, Licht aus einem Zustand der Dunkelheit und des Chaos heraus überzuleiten in einen meßbaren Erfahrungszustand. Dadurch, daß wir Formen und Flächen von ganz bestimmtem Umfang machen, haben wir sozusagen Teil am Licht — weil wir ihm eine Struktur, eine Ordnung geben, nicht nur in einem räumlichen Sinne, sondern auch hinsichtlich seiner Intensität, seiner Farbe und seines Charakters. Und eben die Materialien, die wir verwenden, zeigen uns Licht in genauen Frequenzen — harmonisch, dissonant, stark oder schwach.

Wenn man konkrete Materialien verwendet und diese nicht nur in Zeichnungen vortäuscht, kann man den genauen Charakter des reflektierten Lichts sorgfältig studieren. Bisweilen hat es Leute gegeben, die meinten: »Also, Ihre Zeichnungen und Bauten sehen immer so aus, als seien sie dem Verfall ausgesetzt. Sie müssen ein dekadenter Romantiker sein, der gerne über Verfall und Tod nachdenkt.« Aber ich betrachte Verfall einzig als eine Bereicherung und Belebung der Form, eine Beseelung der Oberflächen. So werden der nackten Stahlblechplatte beispielsweise sehr präzis bemalte Flächen gegenübergestellt oder Oberflächen, die verwittert sind und abblättern, die zerbrochen sind oder sich abgelöst haben, so daß das Ganze nicht nur eine Formenvielfalt aufweist, sondern auch variable Frequenzen, Farben und Intensitäten des reflektierten Lichts sichtbar werden läßt. Es sind Objekte der Freude und des Denkens, eine ursprüngliche Architektur und Landschaft des Lichts.

BERLIN FREE-ZONE

Ich möchte noch zwei weitere Projekte zeigen. Das erste, das ich erst vor zehn Tagen fertiggestellt habe, habe ich in meinen Vortrag aufgenommen, weil es eine ›Projekttrilogie‹ abschließt, die 1989 in Berlin ihren Anfang nahm, 1989 in Paris ihre Fortsetzung fand, und jetzt, wieder zurück in Berlin, zu ihrem Abschluß kommt.

Vor kurzem ging eine Einladung an eine Reihe von Architekten, Ideen und Vorschläge für das sogenannte ›neue Berlin‹ zu erarbeiten, also für das wiedervereinigte Berlin ohne Mauer. Jetzt, wo sich die ganze Stadt wieder an ihrer traditionellen Mitte erfreuen kann, fragt man sich, was dort wohl gebaut werden wird? Ich wußte, daß zahlreiche berühmte und bedeutende Architekten in Reaktion auf die Einladung an Projekten arbeiteten, und auch ich wollte einen Beitrag liefern, mich an diesem Dialog beteiligen, denn ich fühle mich dieser Stadt zutiefst verbunden.

Mir wurde sogleich bewußt, daß sich meine Arbeit innerhalb der letzten drei Jahre in gewisser Weise auf etwas Nicht-Monumentales hin entwickelt hatte. In meinen Projekten für das ›Unterirdische Berlin‹ und das ›Paris der Lüfte‹ gab es zwar, vom Gesichtspunkt des Umfangs her, monumentale Bauten; mich hatte es im Rahmen dieser Projekte aber nicht interessiert, etablierte Institutionen der Kultur — wie Ministerien, Konzernzentralen, Museen oder Geschäfts- und Handelszentren — zu monumentalisieren, sondern vielmehr, neue Formen städtischen Lebens und menschlicher Erfahrung zu erkunden. Der Gedanke, daß die Zentren der alten europäischen Haupstädte eines nach dem anderen zu kulturellen Freizeitparks für den Tourismus werden sollen, ist mir zutiefst verhaßt.

Ich begann zu arbeiten, indem ich Collagen aus Luftaufnahmen vom Zentrum Berlins machte, kombiniert mit abstrakten Darstellungen von Gebilden, die am Himmel über Berlin eintreffen, vielleicht aus Paris kommend, vielleicht irgendeinem undefinierten Bereich des Denkens oder des Instinktes entstammend. Ihnen ist keinerlei Zweck zugedacht; sie ähneln den photometrischen Instrumenten oder auch den Pariser Luftgebäuden. Irgendwelche eindeutigen Maße wurden nicht festgelegt.

Diese unbestimmten Elemente treffen über Berlin ein, bezeichnenderweise — wie es meiner experimentellen Arbeitsmethode entspricht — ohne eine besondere Vorstellung davon, worin ihr Zweck zuvor bestanden hatte, oder was als nächstes geschehen würde. Nach und nach begann ich sie als zusammengesetzte Gebilde zu deuten, vom Geist und vom Aufbau her ähnlich wie jene für Paris, aber mit einigen Unterschieden. Zum einen existieren sie in einem abstrakten Raum. Es gibt nicht länger Himmel und Wolken, also keine Atmosphäre an sich, sondern nur einen mathematischen Bereich, der keinen bestimmten Ort auf der Welt darstellt und von daher gesehen utopisch ist. Außerdem gibt es neuartige Elemente, zusammengepreßte oder zerknitterte sowie die schon gewohnten einfach und doppelt gekrümmten Flächen. Ich habe bis jetzt noch nicht gesagt, daß ich mich in meinen Projekten sehr für Strukturen interesssiere, die ihre Kraft aus ihrer Form schöpfen, wie man sie etwa in allen möglichen Arten von Luftfahrzeugen findet. Man braucht keine Pfeiler, Balken und Platten oder überhaupt irgendeine Art von Gerippe; es ist sogar so, daß man in einer kinetischen Architektur diese Art von geradliniger Struktur gar nicht wünscht. Wenn man ein Blatt Papier nimmt und es zerknüllt, gewinnt es aus dieser Form eine − relativ gesehen − große strukturelle Kraft. Genauso ist es mit einer Stahlblechplatte.

Anfangs schienen diese gebogenen und gekrümmten Formen im Zentrum von Berlin fehl am Platze zu sein, doch dann erkannte ich allmählich, daß sie sehr wohl dort hinpaßten, als etwas Unbekanntes, Unbestimmtes, Unklares, Mehrdeutiges, das mit einer bestimmten, in der Stadt angelegten Möglichkeit zu tun hat, die ihrer Realisierung harrt. Also entwarf ich einen Plan, nach dem diese Gebilde in vorhandene Bauten, in das bereits bekannte Gefüge der Stadt, eindringen und eine verborgene Stadt bilden sollten, deren Zweck oder Bedeutung völlig im Dunkeln liegen würde.

Zeichnungen der *Frei-Raum-Sektion* (Abb. 10) zeigen die Entwicklung dieses Plans. Das metaphorische Gebäude wird als eine dreidimensionale Struktur aufgefaßt, die aus zwei Oberflächen zusammengesetzt ist; jede dieser Flächen ist teils euklidisch und deterministisch − eine

10. Berlin Free-Zone, 1990, Frei-Raum-Sektion

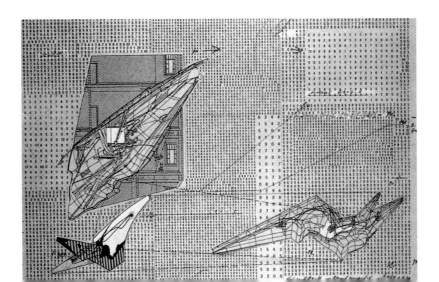

Kegelform, ein Zylinder, ungebrochene Flächen — und teils gebrochen, gebogen, zerdrückt, von einer unbestimmten Geometrie. Innerhalb des Raums, der zwischen den beiden Oberflächen entsteht, werden bestimmte Schnittpunkte festgelegt und miteinander verbunden. Wenn sich jetzt dieses zusammengesetzte Gebäude im kartesianischen Rahmen eines schon bestehenden Gebäudes einfindet, so geht es ganz ins Innere auf. Im *Schnitt* (Abb. 11) erkennt man deutlich die ursprünglichen vorhandenen Räume, die eingefügten Räume und in ihnen die Schnittpunkte, Ruhestätten innerhab der dynamischen Räume. Diese Räume sind nicht einfach zu bewohnen, und deshalb ist es notwendig, Plätze zu schaffen, wo man sitzen, arbeiten oder sich hinlegen, schlafen kann. Es könnten auch Schnittpunkte sein, an denen sich Telekommunikationsanlagen — Computer, Telephon, Faxgerät — unterbringen ließen; von dort aus könnte man dann mit anderen Stellen in der Stadt in Kontakt treten. Vielleicht würde es dann dort auch Instrumente geben, die wir noch nicht kennen, die beispielsweise Licht oder auch die Schwingungen der auf der Straße vorbeifahrenden Autos messen.

Ich habe diese Räume als ›Frei-Räume‹ bezeichnet. Sie sind nicht in dem Sinne frei, als sie etwa neutral und austauschbar sind, vielmehr bieten sie eine Freiheit, die nur von etwas ganz Bestimmtem, sehr Präzisem, Eindeutigem und Einzigartigem herrührt. Wenn ich einzigartig sage, so meine ich dies im Hinblick auf räumliche Konfiguration, Form und Oberflächenstruktur, präzise Lichtfrequenz und auf den bestimmten Winkel zwischen Flächen. Es handelt sich nicht um eine kartesianisch-neutrale Erscheinungswelt, sondern um etwas sehr Bestimmtes in einem physischen Sinne. Abgesehen von den präzisen physischen Bedingungen, den existentiellen Bedingungen eines gegebenen Augenblicks, sind diese Räume unbestimmt.

Bis jetzt haben sich aus der Arbeit zwei Kriterien ergeben. Das erste und vielleicht wichtigste Merkmal: die ›Frei-Räume‹ haben keinerlei im vorhinein festgelegten Nutzungszweck. Sie sind ›nutzlose‹ Räume. Die Bemerkungen von Helmut Swiczinsky über nutzlose Räume heute morgen haben mich echt umgehauen. Na klar, Architektur hatte immer den Sinn, nutzlose Räume zu schaffen. Nützlichkeit hat mit Moral oder auch mit Berechnung zu tun, nicht aber mit Architektur.

Das zweite Merkmal der ›Frei-Räume‹ ist: Sie sind nicht leicht zu bewohnen. Einer, der den Raum bewohnen, darin leben, arbeiten oder agieren wollte, müßte ausgehend von den gegebenen physischen Bedingungen eine bestimmte Methode erfinden, ohne sich dabei auf vorgefaßte Meinungen oder Gepflogenheiten zu stützen. Es würde Ruhepunkte geben, Podeste, einen Vorhang oder eine Decke, die man um sich herum würde zuziehen können, um Ruhe zu finden an dieser schwierigen Stätte, dieser Freistätte. Wirkliche Freiheit ist eine problematische Sache, nicht wahr? Es gibt nichts mehr zu verlieren.

Wenn wir uns wieder dem Stadtplan des *Neuen Zentrums* (Abb. 12) und meinem Interesse für Gemeinschaftsmodelle zuwenden, worin besteht denn nun dieses neue Modell des städtischen Wohnens? Also, die schwarzen Markierungen bezeichnen ›Frei-Räume‹ innerhalb schon bestehender Gebäude, miteinander gekoppelt durch veränderliche Kommunikationsverbindungen, unsichtbare elektronische Leitungen; so läßt sich im Zentrum Berlins eine neuartige Gemeinschaft errichten, ein Netz des Denkens und Handelns, von freien Individuen errichtet. Was bei all dem herauskommt, ist freilich ungewiß, für die Stadt und ihre Bewohner wird aber ein neues Entwicklungspotential geschaffen. Es bleibt ihnen überlassen, was sie daraus machen.

Hier wird deutlich, wie ich in meiner Arbeit vorgehe. Ich mache eine Reihe perspektivischer Zeichnungen, in sehr schnellem Tempo; ich ver-

12. Berlin Free-
Zone, 1990,
Frei-Raum-
Kommunikations-
netz, Neues
Zentrum

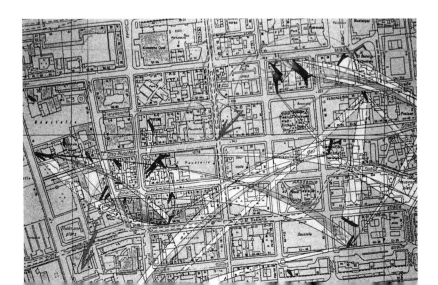

13. Berlin Free-Zone, 1990, Außenansicht des Frei-Raums

14. Berlin Free-Zone, 1990, Innenansicht des Frei-Raums

wende nicht viel Zeit darauf, denn die Zeichnung ist nur eine Möglichkeit, präzise die physikalischen Verhältnisse — Licht, Raum, Oberfläche, Materialien — zu erforschen, sich in sie hineinzudenken. Dann mache ich mehr analytische Zeichnungen, darunter auch ›Fallstudien‹ zu schon bestehenden Gebäuden, in denen ich die Möglichkeit habe, unter Verwendung orthogonaler Untersuchungsinstrumente ›Frei-Räume‹ innerhalb bestehender Räume zu analysieren. Darstellungen des waagerechten und senkrechten Schnitts sind immer noch nutzbringend für die Untersuchung komplexer, nicht-euklidischer Geometrien; sie machen es allerdings keineswegs leichter, diese neuen und unbestimmten, schwierigeren Geometrien zu erfinden, sondern bringen nur zwei verschiedene Methoden, um Raum und Form zu schaffen, zusammen. Das Ergebnis: mehr Schwierigkeiten und Komplikationen einer ganz anderen Art.

Dort, wo die Einfassung des Freiraums mit dem Innern des kartesianischen Raums zusammentrifft, zeigt sich die einzige äußerliche Erscheinungsform des ›Frei-Raums‹, der Raum der neuen, verborgenen Stadt in der Stadt (Abb. 13). Zwei Welten sind erschaffen worden und existieren nebeneinander. Ich hätte für den Bau der ›Frei-Räume‹ Glas oder noch transparentere Materialien verwenden können, aber ich habe es nicht gemacht, weil sie doch sehr abgesondert sind, sozusagen Welten voneinander entfernt. Wenn man sich im ›Frei-Raum‹ befindet (Abb. 14), vielleicht auf diesem Podest, sich auf dessen geneigter Fläche zurücklehnend, den elektronischen Geräten gegenübertretend oder auch die Decke — der Wärme wegen — um sich herum ziehend, so existiert man voll und ganz im Rahmen seiner präzisen Bedingungen und gehört nicht länger zu jener Abstraktion, der Stadt Berlin. Das ist das Wesen der Freiheit, der Preis, den sie verlangt.

EINZELBAUWERKE

Das letzte Projekt heute abend ist eines, das ich 1989 gemacht habe. Da viele meiner Ideen und Arbeiten sich mit Projekten größeren Umfangs befaßten — Städte, Gemeinschaften und heterogene Gebäudekomplexe —, komme ich immer wieder auf das einzelne, für sich stehende Bauwerk zurück. Gelingt es mir, ein einzelnes Bauwerk zu schaffen, in dem sich die entscheidenden Ideen vereinigen? Verlasse oder stütze ich mich etwa auf einen großen Maßstab, um die Architektur zu machen, die ich mir wünsche?

Das ›Solohaus‹ war ein Test und in gewisser Weise auch eine kritische Auseinandersetzung mit älteren Projekten, einschließlich derer für Paris und Berlin. Es ist ein Haus, eine elementare Wohneinheit, für eine Einzelperson (Abb. 15). Es besteht aus einem Raum, der nicht im üblichen Sinne aufgeteilt ist, sondern durch eine Reihe von Flächen oder Podesten moduliert wird, die dazwischengeschoben sind. Im Grundriß kommt das gleiche bauliche Konzept zum Ausdruck, das sich auch in vielen früheren Projekten zeigt. Die Strenge der Konstruktion erwächst aus der Form selbst. Es ist im Grunde eine Art Flugzeugkonstruktion mit straff gespannter Außenhaut. Ein Gerippe wird nicht benötigt.

15. ›Solohaus‹,
1988 — 89,
Außenstudie

Wie immer entstanden zunächst perspektivische Zeichnungen, die es einem ermöglichen, die Architektur als Teil einer Gesamtlandschaft, einer Welt zu betrachten. Es ist bedauerlich, daß alle Versuchs- oder Erkundungsstadien dieser Zeichnungen vom Endresultat überdeckt sind, das schließlich ausgearbeitet wird, um möglichst viel von der Architektur zu definieren. Dennoch: Experimente gibt es zuhauf. Und ich muß sagen, sogar zwischen den abgeschlossenen Zeichnungen bestehen Abweichungen. Ich fühle mich nicht verpflichtet, sie miteinander in Einklang zu bringen. Würde ich Zeichnungen machen, die Arbeitern als Bauanleitung dienen sollten, so würde ich wohl anders vorgehen; diese Zeichnungen aber dienen einem anderen Zweck, sie dienen alleine der Erfindung. Jede von ihnen umreißt diverse Variationen über Form, Proportion, Materialien, Elemente. Ich habe bei ihnen das Gefühl, frei und ungezwungen arbeiten zu können. Sie sind mein Produkt und kommen meinen Vorstellungen entgegen.

Die Form des Hauses ist völlig aus einem Guß, das heißt derart kompakt, daß sie aufgebrochen werden mußte, um Licht hineinzulassen — etwa durch Spalten, durch die das Licht ins Hausinnere eindringt und umgekehrt ein bestimmter Durchblick nach außen möglich ist; ich muß immer an Le Corbusiers Villa Savoye denken — , der jeweilige Ausblick ist genau umgrenzt und sehr spezifisch. Im ›Solohaus‹ geht es nicht darum, den Blick zu kontrollieren, sondern ihm eine Präzision, eine Einmaligkeit zu verleihen.

Ein Freund meinte zu der *Innenansicht* (Abb. 16), »Also, das Ganze wirkt ausgesprochen häuslich!« Und das stimmt, es ist tatsächlich freundlich — da ist ein kleiner Stuhl, ein Zeichenblock, ein dekorativer Behang — , und da ist noch etwas. Ein Haustier? Ja genau, das ist das Haustier. An diesem Punkt wurde mir klar: ich mußte ausbrechen. Ich mußte etwas anderes machen: ein *Modell* (Abb. 1). Dieses Modell war sehr ambitiös. Es wurde letztes Jahr in Frankfurt in der Ausstellung ›Künstlerhäuser‹ gezeigt. Das Modell ist aus Stahl und ziemlich groß, aber doch zu klein, als daß ich Platz darin fände. Wenn es mir gelingt, jemanden zu finden, der die notwendigen Mittel bereitstellt, dann können wir es vielleicht groß genug bauen, damit es zu bewohnen ist. Aber das ist unwichtig. Mir ist es egal. Wir bauten jedenfalls ein Stahlmodell.

Wenn man ein Modell baut, passieren ganz bestimmte Dinge. Zeichnungen zu machen, ist eine Sache, Modelle zu machen, aber eine andere, und konkrete Bauwerke zu schaffen, ist wieder etwas völlig anderes. Der Architekt muß meiner Ansicht nach immer auf die Veränderungen gefaßt sein, und seine Architektur sollte so angelegt sein, daß sie von diesen Transformationsprozessen profitiert. Das ›Solohaus‹ hat in meinen Augen davon profitiert.

Eine Veränderung bestand darin, daß aus dem kupferbeschichteten Stahl, der in den Zeichnungen bunt schillernde Oberflächen ergeben hatte, Rohstahl wurde — der viel härter ist. Am Modell zeigte sich, daß der beschichtete Stahl zu weich war und das Polychrome zu gefällig — nicht genug Strenge für das Äußere. Die Öffnungen zum Eintreten und für das Licht sind nach wie vor da, eingeschnitten wie vorher, aber es sind neue Elemente hinzugekommen. An der vorderen Seite befindet sich ein Gerät, vielleicht eines dieser optischen Meßinstrumente, an die Sie sich womöglich aus früheren Projekten erinnern. Möglicherweise dient es aber auch einem anderen Zweck, einem, der noch zu bestimmen wäre. Vielleicht ist es ein Meßgerät zur Untersuchung der Luft um das Haus herum. Vielleicht ist es ein Meßgerät, das in die Außenfläche des Hauses hineinsieht und dort die winzigen Veränderungen registriert oder die Molekularstruktur beobachtet. Oder vielleicht dient es dem Bewohner des Hauses als Ort einer Wechselwirkung mit einem bestimmten Spektrum von Lichtveränderungen und Materialbedingungen.

Im Modell kann ich genauer als in den Zeichnungen den Charakter der betreffenden Materialien untersuchen. Wir befassen uns mit Materialien. Wir sind Materialisten, wir Architekten — die allerschlimmsten, allerleidenschaftlichsten Materialisten. In der Natur des Bauens sehen wir, wie sich Dinge zueinander verhalten, wechselseitig aufeinander einwirken, miteinander verbunden werden: die Schweißnähte, die Holzträger, die an einer kleinen Flugzeugklappe über dem Eingang befestigt sind. Jedes der tektonischen Elemente ist wirklich vorhanden und trifft auf eine ganz bestimmte und einzigartige Weise mit den anderen zusammen. Die Oberflächen sind verwittert und nehmen schließlich ein einzigartiges Aussehen an. Das fasziniert mich an der Architektur und am Leben − die Mannigfaltigkeit, die Komplexität, die Vielfalt, die Individualität, das, was ein Ding, einen Augenblick, von allen anderen unterscheidet.

Der Eingang geht hinaus auf die abschüssige Ebene, gegen die die vordere Spitze des Hauses gedrückt ist. Man gelangt zu ihm nicht etwa frontal, sondern über einen vorspringenden Steg, der zu der gesicherten Tür führt. Hinter dieser tut sich der *Innenraum* auf, der ›Soloraum‹ des Hauses. Da es von innen beleuchtet ist, kann man am Vorsprung vorbei durch die vergitterte Tür hindurch die plattformartigen Flächen oben sehen sowie die Leiter, über die man zu ihnen gelangt (Abb. 17). Dort oben befindet sich ein weiteres Meßgerät, ein photometrisches oder elektromagnetisches, versehen mit einer hochaufragenden Stahlstange, die dazu dient, unsichtbare, gleichwohl aber ganz konkrete Kräfte zu vernetzen oder einfach das Licht in einer bestimmten Weise einzufangen − vielleicht aber auch dazu, Signale auszusenden, hinaus in den nächtlichen Raum, zu anderen ›Solohäusern‹, anderen abgelegenen Orten in der Welt. Da ist auch ein stählerner Stuhl für den einsamen Bewohner und ein Schirm, um hinaus-, vielleicht aber auch ein Spiegel, um sich selbst anzuschauen. Letzten Endes wäre das das gleiche.

Aus einiger Entfernung, im Dunkeln, ist das Haus von innen erleuchtet. Ich sollte etwas über diesen Zustand sagen, von dem ich ganz am Anfang sprach: diesen existentiellen Zustand der Isolierung, den wir, ein Privileg des modernen Menschen, erleben. Die Zukunft ist ungewiß, und der Sinn des Ganzen liegt hoffnungslos im Dunkeln; trotzdem stehen wir gerade aufgrund dieser Bedingungen ganz in der Fülle und Kraft der Gegenwart.

Philip Johnson

EPILOG

Die hier versammelten Architekten dürften zu den weltweit Führenden ihres Fachs zählen. Was mich jedoch erstaunt, ist, welch große Anzahl dieser erstrangigen Architekten wir 1988 im New Yorker Museum of Modern Art unter der Rubrik ›Dekonstruktivisten‹ ausgestellt haben.

Nur Jean Nouvel, der Architekt des wunderschönen ›Institut Arabe‹ in Paris, hat sich aus dem Wirrwarr herausgehalten. Sein Werk besitzt die Strenge und Klarheit französischer Tradition.

Der versierteste aller Redner ist, wie könnte es anders sein, Peter Eisenman. Er formuliert so klar wie möglich die »Theorie vom Ende der Theorie — vive la théorie« des französischen Intellektuellen. »Endlich haben wir die objektiven Wahrheiten hinter uns gelassen. Die Wahrheit sollte natürlich in unserem Leben als Konzept angewandt werden, aber sie existiert nicht« (paraphrasiert vom Verfasser). Die nicht-rationale, emotionale, alogische Begründung der Formen, Formate, Fragen, Details bei Eisenman zeigt sich in seinem Schaffen.

Das Duo Coop Himmelblau mit seiner ›brennenden Architektur‹, seinen schöpferischen Flammen, macht Bauwerke mit schräggestellten Balken, x-förmigen vertikalen Trägern, sich wechselseitig durchdringenden, durchstoßenden Formen und ›tanzenden Schornsteinen‹.

Daniel Libeskind spricht von einer entleerten Leere: »Eine Leere, die selbst entleert wurde«, eine Dekonstruktion, die selbst dekonstruiert wurde. Die gefährlich gekippte Masse seiner auf schwankende Pfeiler gestützten Berliner Wohnhäuser, sein zickzackförmig wie ein Blitz entworfenes Berliner Museum sind ›zersplitterte‹ Monumente im Wahnsinn der heutigen Welt.

Die verwegenste, romantische Intellektuelle der gesamten Gruppe ist Zaha Hadid. Ihre Balken fliegen, ihre gekrümmten Flächen überschneiden sich, ihre Fassaden kragen aus. Im theoretischen Teil ihres Vortrags erläutert sie die Herkunft ihrer architektonischen Formen: Malewitsch und die russische Avantgarde der zwanziger Jahre. Sie steht besonders deutlich in der Nachfolge dieser großartigen Bewegung der Moderne. Doch Zaha ist in dieser Hinsicht keine Epigonin. Sie ist ein Original.

Lebbeus Woods ist unser wahrer Träumer, Künstler, Ideologe der jüngeren Generation. Er baut nicht, doch seine herrlichen Zeichnungen sind eindrucksvoller und anregender als manches fertige Bauwerk. Jede Bewegung braucht seine Propheten, seine Seher.

Kalifornien marschiert wie immer zu einem anderen Takt. Tom Mayne und sein Partner Michael Rotondi sind typisch für die ›Jungtürken‹ jener jungen Kultur. Hier gibt es keine Verbindungen zu Malewitsch oder den Konstruktivisten. Ihre Wurzeln reichen kaum weiter zurück als bis zu ihrem nur wenig älteren kalifornischen Guru Frank Gehry (der selbst, nebenbei bemerkt, an erster Stelle rangiert).

Diese Kalifornier haben etwas Neues eingebracht, ein Interesse dafür, wie Dinge jeweils miteinander verbunden sind, Pfeiler und Sockel, Pfeiler und Tragbalken, Tragseil und Verankerung, ein Interesse, an dem es bislang mangelte.

Man könnte von einem dekorativen Gebrauch der Verbindungselemente, von einem Geschmeide der Bindeglieder sprechen. Aber es ist mehr. Ihr eigenes Credo drückt am besten aus, womit sie sich befassen. Nicht zufällig artikuliert es, wonach die meisten aus diesem ungewöhnlichen Kreis von Architekten streben: »Unser Interesse gilt einer Architektur, die aus einer Reihe unabhängiger, zugleich aber miteinander verbundener Teile besteht, sowie Räumen, die einfache Funktionen in sich bergen, die ver-rückt, verzerrt und erweitert worden sind.«

Die Folge dieses Interesses ist eine gleichsam kunstgewerbliche Herangehensweise an strukturelle Verbindungsglieder, eine Haltung, die eher an Frank Lloyd Wright erinnert als an Le Corbusier, eher an Scarpa als an Neutra.

Das höchste Ziel aller Architekten ist sicherlich Schönheit (ein heute hoffnungslos veralteter Begriff), und auch die hier versammelten Architekten streben nach meinem Gefühl dieses Ziel an. Doch im Moment gerade wirkt ihr Schaffen eher verwirrend und beunruhigend: aufregende Formen, jeder Struktur und Vernunft widersprechend, unregelmäßig, unvereinheitlicht. Wir leben in einer unsicheren (sinnentleerten) Welt, in der Schönheit nicht einmal ersehnt, geschweige denn erreichbar ist.

Mies würde sich im Grabe umdrehen. Malewitsch und Rodtschenko würden verstehen (das sollten sie auch: viele der schräggestellten, sich kreuzenden Balken gehen auf sie zurück). Platon würde es nicht verstehen, aber Heraklit mit Sicherheit schon. Descartes nicht, Karl Kraus schon. Bertrand Russel wohl nicht, Dostojewski dagegen wohl.

Es handelt sich um eine Welt, in der weder die Vorschriften der Schönen Künste oder des Bauhauses noch die funktionalistisch-sozialistischen Vorschriften der Moderne unser Schicksal bestimmen. Wir sind auf uns selbst gestellt.

Wie sich die Architektur in Zukunft entwickeln wird, können wir natürlich nicht wissen, aber nach meinem Dafürhalten stellen diese Künstler die treibende Kraft von heute dar.

COOP HIMMELBLAU
Wolf D. Prix und Helmut Swiczinsky

Coop Himmelblau, gegründet 1968 in Wien von Wolf D. Prix (geb. 1942 in Wien) und Helmut Swiczinsky (geb. 1944 in Posen, Polen).

1989 eröffnen die beiden Architekten ein zweites Büro in Los Angeles (im selben Jahr Baubeginn des ›Offenen Hauses‹ ebenfalls in Kalifornien). Zu den realisierten Projekten der jüngsten Zeit zählen u.a. die Funder Fabrik in St. Veit/Glan, Kärnten und der Dachausbau in der Falkestraße, Wien. 1987 gewann Coop Himmelblau zwei große Wettbewerbe: den internationalen Städtebau-Wettbewerb Melun-Sénart, eine Trabantenstadt südlich von Paris, und den Wettbewerb für den Umbau des Ronacher-Theaters in Wien.

Teilnahme an zahlreichen internationalen Ausstellungen, u.a. an der Ausstellung ›Deconstructivist Architecture‹, 1988, im Museum of Modern Art, New York. Vorträge und Gastprofessuren an Universitäten in Europa, Japan, Australien und den USA.

Das Architektenteam Coop Himmelblau lebt und arbeitet in Wien und Los Angeles.

PETER EISENMAN

Peter Eisenman, geboren 1932 in Newark, New Jersey, Architekturstudium an der Cornell University, Ithaca, N.Y. (1951 – 55), an der Columbia University, N.Y. (1959 – 60), und an der Cambridge University, England (1960 – 63). Lehrtätigkeit an der Cambridge University, der Princeton University und seit 1975 an der Cooper Union, New York. Herausgeber der Architekturzeitschrift ›Oppositions‹ (1973 – 82). Erster Direktor des Institute for Architecture and Urban Studies, New York (1967 – 82).

Beteiligung an zahlreichen Ausstellungen wie: ›40 under 40‹ in der Architectural League, New York (1966); ›The New City: Architecture and Urban Renewal‹ im Museum of Modern Art MoMA, New York (1967); ›Architecture of Museums‹ im MoMA, New York (1973), sowie ›Deconstructivist Architecture‹ im MoMA, New York (1988). Realisierte Projekte: The University of California Arts Center, Berkeley (1965), gemeinsam mit Michael Graves, The Manhattan Waterfront, New York (1966); in jüngster Zeit u.a.: das Wexner Center an der Ohio State University (1989).

Peter Eisenman lebt und arbeitet in New York.

ZAHA HADID

Zaha Hadid, geboren 1950 in Bagdad, Irak, Studium der Mathematik an der Amerikanischen Universität in Beirut, Architekturstudium an der Architectural Association School of Architecture, London (1972 – 77), bei Leon Krier, Jeremy Dixon und Rem Koolhaas. 1976 – 78 Mitglied der Gruppe OMA (Office for Metropolitan Architecture), danach Gründung eines eigenen Büros in London. Lehrtätigkeit an der Architectural Association (1977 – 86), an der Harvard University, Cambridge (1986), und an der Columbia University, New York (1987).

Zaha Hadid gewann den ersten Preis des internationalen Wettbewerbs für den ›Peak‹ in Hongkong (1983). Zahlreiche Gruppen- und Einzelausstellungen, u.a.: ›Deconstruc-

tivist Architecture‹ im Museum of Modern Art, New York (1988), ›Max Protetch Group Show‹, New York (1989).

Zaha Hadid lebt und arbeitet in London.

DANIEL LIBESKIND

Daniel Libeskind, geboren 1946 in Polen, studierte Musikwissenschaft in Israel, Architektur an der Cooper Union in New York sowie Architekturgeschichte und -theorie an der Essex University in England. Lehrtätigkeit an Universitäten in Nordamerika, Europa, Japan und Skandinavien. Gründer und Direktor des Architektur-Intermundiums in Mailand (1986 – 89) sowie Senior Scholar am Center for Humanities, Paul Getty Foundation.

Daniel Libeskind, der 1987 den Wettbewerb der Internationalen Bauausstellung IBA in Berlin mit dem Entwurf der ›Stadtkante‹ (City Edge) gewann, erhielt den ersten Preis des Internationalen Wettbewerbs für den Plan der ›Erweiterung des Berlin Museums mit Abteilung Jüdisches Museum‹ (1989). Andere Projekte: ein permanenter Pavillon für das World's Greenery Fair in Osaka, Japan (Fertigstellung 1990), eine städtische Villa in Berlin (Baubeginn 1990).

Teilnahme an zahlreichen Ausstellungen in Europa, Japan und den USA (darunter auch die Ausstellung ›Deconstructivist Architecture‹ im Museum of Modern Art, New York, 1988). Daniel Libeskind erhielt mehrere Auszeichnungen, u.a. des National Endowment for the Arts, der Graham Foundation.

Daniel Libeskind lebt und arbeitet in Berlin.

MORPHOSIS
Thom Mayne und Michael Rotondi

Morphosis, gemeinsam mit Michael Rotondi
von Thom Mayne im Jahre 1974 gegründet.
Rotondi schied 1991 aus.
Beide lehren seit den 70er Jahren am South
California Institute of Architecture, zu dessen
Gründungsmitgliedern Thom Mayne
gehört. Beide sind sie in Südkalifornien
aufgewachsen und haben an der University
of Southern California studiert, Thom
Mayne im Anschluß daran an der Graduate
School of Design in Harvard. Für viele
ihrer Projekte wurde Morphosis mehrfach
ausgezeichnet, u.a. mit dem National AIA
Award (1988) und dem Progressive Archi-
tecture Award (1985/87/88/89).

Morphosis hat in den 80er Jahren neben
auffallenden Restaurants (das bekannteste:
Kate Mantilini in Los Angeles, 1986) und
Geschäftslokalen (wie das Möbelgeschäft
Vecta International, 1988, und das Damen-
bekleidungsgeschäft Leon Maxe, 1988) auch
Wohnhäuser (The Sixth Street House, 1987,
die Crawford Residence, 1988) und Bürogebäude (der Higashi Azabu Tower in Tokio,
1989) sowie öffentliche Gebäude, darunter
die technisch und psychologisch sehr an-
spruchsvolle Comprehensive Cancer Clinic
in Los Angeles, 1987, realisiert.

Morphosis, mit ihrer Architektur der Meta-
morphosen und Transformationen, zählt
heute neben Frank Gehry zu den bekann-
testen Exponenten der neuen Architektur
in Kalifornien.

JEAN NOUVEL

Jean Nouvel, geboren 1945 in Fumel,
Frankreich, Architekturstudium an der
Ecole des Beaux-Arts, Paris (Diplom der
ENSBA 1971). Mitbegründer der franzö-
sischen Architekten-Gruppe ›Mars 1976‹
und einer der Organisatoren des Inter-
nationalen Beratungsgremiums für die
städtebauliche Planung des ›Quartier des
Halles‹ in Paris, 1979. Begründer der ersten
Architektur-Biennale mit Sitz im Centre
Georges Pompidou, Paris 1980.

Teilnahme an zahlreichen Architektur-
Wettbewerben (darunter mit dem zusammen mit Philippe Starck entwickelten und
von der Jury ausgezeichneten Projekt für
ein Opernhaus in Tokio, 1987). Realisierte
Projekte: u.a. die Renovierung des Theaters
von Belfort (1983), das ›Institut du Monde
Arabe‹ in Paris (1987), das Dokumentationszentrum des CNRS in Nancy (1989) sowie
die Neugestaltung der Kunstgalerie ›Quai
Voltaire‹ (1989).

Jean Nouvel lebt und arbeitet in Paris.

MICHAEL SORKIN

Michael Sorkin, geboren in Washington,
D.C., absolvierte sein Architekturstudium
in Harvard und am Massachusetts Institute
of Technology (MIT), Boston. Er unterrich-
tet Architektur und Urban Design an der
Cooper Union, der Columbia University
und in Yale.

Seine Arbeiten umfassen praxis- und
forschungsbezogene Projekte, wie ›Los
Olivos‹ (ein Park in Mexico City), eine
Reihe von ›Animal Houses‹, ›Model Cities‹
(eine Studie utopischer Stadtmodelle) sowie
mehrere Entwürfe großer Gebäude, z.B. die
›Hanseatic Skyscrapers‹. Ausstellungen über
seine Arbeiten waren kürzlich zu sehen in
der Artist's Space Gallery, New York, und
in der Aedes Galerie, Berlin. Zehn Jahre

lang war Michael Sorkin Architekturkritiker der ›Village Voice‹ in New York. Publikationen: ›Exquisite Corpse‹, eine Sammlung seiner Architekturkritiken, und ›Variations on a Theme Park‹, Essays über zeitgenössischen amerikanischen Urbanismus.

Michael Sorkin lebt und arbeitet in New York.

BERNARD TSCHUMI

Bernard Tschumi, geboren 1944 in Lausanne, studierte Architektur an der Eidgenössischen Technischen Hochschule (ETH) in Zürich (Diplom 1969). Lehrtätigkeit an der Architectural Association in London (1970 – 80), Gastprofessor an der Cooper Union School of Architecture.

Bernard Tschumi erhielt zahlreiche Auszeichnungen und Preise, darunter den des Arts Council of Great Britain und des National Endowment for the Arts, 1983 den ersten Preis für das Wettbewerbsprojekt ›Parc de la Villette‹ in Paris, für ›La Defense‹, Paris (1983), sowie für das Opernhaus in Tokio (1986). 1990 Ausstellungsarchitektur für ›Art et Publicité‹, Centre Georges Pompidou, Paris.

Zu seinen Bauten und Projekten zählen: Parc de la Villette (1983 – 90), Nationaltheater und Oper in Tokio (1986), Flushing Meadows Corona Park, New York (1987 – 89), Ponts-Villes, Lausanne (1988), Zentrum für Kunst und Medientechnologie in Karlsruhe (1989).

Zahlreiche Gruppen- und Einzelausstellungen, darunter ›Architectural Manifest I and II‹ und ›The Manhattan Transcripts Part 3 and 4‹ (zwischen 1977 und 1981).

Bernard Tschumi lebt und arbeitet in New York.

LEBBEUS WOODS

Lebbeus Woods, geboren 1940 in Lansing, Michigan, studierte an der Purdue University School of Engineering und an der University of Illinois School of Architecture. Seine intensive Beschäftigung mit der Architekturtheorie zeigt sich in zahlreichen Publikationen wie ›Architecture, Sculpture, Painting Series‹ (1979), ›Einstein Tomb‹ (1980), ›AEON: The Architecture of Time‹ (1982) sowie in Lehrvorträgen in Amerika und Europa, u.a. an der Architectural Association in London, an der Städelschule in Frankfurt, am Massachusetts Institute of Technology.

Lebbeus Woods nahm an zahlreichen Einzel- und Gruppenausstellungen teil: ›Origins‹, Architectural Association, London (1985); ›Terra Nova‹, Fenster Galerie für Architektur, Frankfurt, und ›Vision der Moderne‹, Architekturmuseum, Frankfurt (1986); ›Centricity‹, Aedes Galerie, Berlin (1987), und ›Künstlerhäuser‹, ebenfalls im Architekturmuseum, Frankfurt (1989).

1988 gründete Lebbeus Woods zusammen mit Olive Brown eine nicht-kommerzielle Organisation, das Research Institute for Experimental Architecture, das der praxisbezogenen Forschung und der Unterstützung experimenteller Architektur gewidmet ist.

Seit 1976 lebt und arbeitet er in New York.

PHOTONACHWEIS

Alle Photos stammen, sofern nicht anders angegeben, aus den Archiven der Architekten und Architektenbüros.

Dorothy Alexander: Abb. 8, S. 131

Farshid Assassi: Abb. 8, S. 86

Rainer Blunck: Abb. 3, S. 82

Tom Bonner, Washington: Umschlag;
    Abb. 1, S. 16; Abb. 7, S. 22; Abb. 13, S. 29;
    Abb. 1, S. 78; Abb. 6, S. 84; Abb. 7, S. 86;
    Abb. 10, S. 88; Abb. 11, S. 91; Abb. 13, S. 92

Dick Frank Studios: Abb. 5, S. 40; Abb. 6 – 8,
    S. 44; Abb. 9, 11, 12, S. 45

Gaston: Abb. 2, 3, S. 102; Abb. 4, S. 103; Abb. 5, 6,
    S. 104; Abb. 7, 8, S. 106; Abb. 9, S. 107;
    Abb. 11 – 13, S. 110; Abb. 14, 15, S. 111;
    Abb. 16, S. 112; Abb. 18, 19, S. 115

Jeff Goldberg/Esto: Abb. 2, S. 38; Abb. 3, S. 39;
    Abb. 4, S. 40

Thom Mayne: Abb. 2, S. 81

Peter McClennan: Abb. 1, S. 114

Robert Morrow: Abb. 4, S. 130; Abb. 5, 6, S. 131

Grant Mudford: Abb. 5, S. 84

Jean Nouvel, Emmanuel Cattani et associés:
    Abb. 1, S. 96; Abb. 10, S. 109

Daniel Oakley: Abb. 10, S. 57

D. G. Olshavsky/Artog: Abb. 1, S. 32

Paul Warchol: Abb. 15, 16, S. 63

George Yu: Abb. 14, S. 93

Gerald Zugmann, Wien: Abb. 2, S. 18; Abb. 3 – 5,
    S. 19; Abb. 8, 9, S. 25; Abb. 10, 11, S. 26;
    Abb. 12, S. 28; Abb. 14, S. 31